Frankfurt a.d.Oder
Mark Brandenburg
PRENZLAU
TEMPLIN
ANGERMÜNDE
KÖNIGS BERG
Rohrbeck
Bad Schönfließ
Lippehne
Bernstein
Ernstburg
Berlinchen
SOLDIN
Mariental
Hochzeit
Woldenberg
Mehrenthin
FRIEDEBERG
NETZE
Neu Mecklenburg
Driesen
Alt Gurkowschbruch
Zehden
Mohrin
ODER-HAVEL-KANAL
EBERSWALDE
BAD FREIENWALDE
ODER
Bärwalde
Neudamm
Fürstenfelde
LANDSBERG
Zantoch
Vietz (Ostbahn)
Zorndorf
WARTHE
Schützensorge
Küstrin
Alt Limmritz
Kriescht
Sonnenburg
HAVEL
NAUEN
BERLIN
SEELOW
Göritz
Blesen
Königswalde
SCHWERIN
Eibendorf
Drossen
ZIELENZIG
MESERITZ
OBRA
Tirschtiegel
Dürrlettel
Rogsen
POTSDAM
FÜRSTENWALDE
ODER-SPREE-KANAL
SPREE
FRANKFURT
REPPEN
Pinnow
Lagow
Paradies
Brätz
Groß Dammer
Sternberg
Spiegelberg
Liebenau
Neu Bentschen
Klastawe
Schwiebus
Kuschten
Ziebingen
Schmarse
BEESKOW
Bomst
Kalzig
Klemzig
ZÜLLICHAU
Odereck
Unruhstadt
CROSSEN
Bobersberg
GUBEN
Schenkendorf
Amtitz
Starzeddel
BOBER
LÜBBEN
LUCKAU
Pförten
Dolzig
Christianstadt
Sommerfeld
COTTBUS
FORST
Gassen
CALAU
LAUSITZER NEISSE
SORAU
Triebel
SPREMBERG
Reichsgrenze 1937
Provinzgrenze
Regierungsbezirksgrenze
Kreisgrenze
Grenze der Mark bis 1938
Regierungsbezirks-Sitz
Kreisstadt
Stadt
Dorf/Gemeinde
0 5 10 20 30 40 km

Manfred Vollack

OSTBRANDENBURG IN FARBE

Von der Neumark zur Niederlausitz

OSTDEUTSCHE HEIMAT IN FARBE

Band 1: *Ostpreußen, Danzig, Westpreußen in Farbe* (ISBN 3-8083-1072-3) – vergriffen
Band 2: *Schlesien in Farbe* (ISBN 3-8083-1071-5) – vergriffen
Band 3: *Westböhmen in Farbe* (ISBN 3-8083-1070-7)
Band 4: *Nordböhmen in Farbe* (ISBN 3-8083-1073-1)
Band 5: *Mähren und Schlesien in Farbe* (ISBN 3-8083-1074-X)
Band 6: *Pommern in Farbe* (ISBN 3-8083-1075-8)
Band 7: *Breslau in Farbe* (ISBN 3-8083-1076-6)
Band 8: *Riesengebirge in Farbe* (ISBN 3-8083-1077-4)
Band 9: *Das Ermland in Farbe* (ISBN 3-8083-1079-0)
Band 10: *Schlesien in Farbe* (ISBN 3-8083-1078-2) – Doppelband
Band 11: *Stettin und Mittelpommern in Farbe* (ISBN 3-8083-1080-4)
Band 12: *Ostbrandenburg in Farbe* (ISBN 3-8083-1081-2)
Band 13: *Hinterpommern in Farbe* (ISBN 3-8083-1083-9)
Band 14: *Sudetenland in Farbe* (ISBN 3-8083-1082-0) – Doppelband
Band 15: *Ostpreußen, Memel in Farbe* (ISBN 3-8083-1084-7) – Doppelband
Band 16: *Westpreußen, Danzig in Farbe* (ISBN 3-8083-1085-5)

Manfred Vollack

OSTBRANDENBURG IN FARBE

Von der Neumark zur Niederlausitz

96 Großfotos

Mit Zeichnungen von
Ernst R. Döring – Johannes Hinz
Bruno Koglin

ADAM KRAFT VERLAG

Titelbild: An der Netze-Mündung in die Warthe bei Zantoch (Foto: Steffen)

Nachsatz: Karte der Neumark aus dem 18. Jahrhundert, gestochen von J. D. Schleuen

CIP-Kurztitelaufnahme der Deutschen Bibliothek
Ostbrandenburg in Farbe: von d. Neumark zur Niederlausitz
Manfred Vollack. Mit Zeichn. von Ernst R. Döring...
Mannheim: Kraft, 1984.
(Ostdeutsche Heimat in Farbe; Bd. 12)
ISBN 3-8083-1081-2
NE: Vollack, Manfred [Bearb.]; GT

Adam Kraft Verlag GmbH & Co. KG Mannheim
Satz: Georg Aug. Walter's Druckerei GmbH
Eltville am Rhein
Druck: Heidelberger Reprographie Eppelheim
Lithos: Repro-Service Gericke Rheinstetten-Mörsch
Bindung: C. Fikentscher KG Darmstadt

MÄRKISCHE HEIDE, MÄRKISCHER SAND...

Ostbrandenburg ist kein einheitliches, in sich geschlossenes Land. Es ist in seiner Abgrenzung durch einen Federstrich der Sieger entstanden, sein Schicksal und das seiner Menschen erfüllte sich danach im Jahre 1945. Krieg und Vertreibung haben diesen Landstrich stärker geprägt als etwa das benachbarte Pommern oder Schlesien. Das wird zuweilen in den Bildern deutlich, gehört aber genauso zur Wirklichkeit wie die vergangene, in den Augen vieler „heile Welt" des überkommenen kulturellen Erbes, das sich in den Backsteinkirchen, den Schlössern und nicht zuletzt in der Gestaltung der Landschaft dem Betrachter offenbart.
Ostbrandenburg ist Grenzland. Eine Landschaft, die in Jahrhunderten in schwerem Ringen, harter Arbeit und viel Entbehrungen von seinen deutschen Bewohnern behauptet worden ist. Die Grenze wurde nach dem Ersten Weltkrieg für dieses Land zum Schicksal, ihre Vorverlegung 1945 an Oder und Neiße zur Katastrophe.
Ostbrandenburg ist ein wenig bekanntes Land. Eines von den stillen, deren Wasser dafür tief sind. Viel Aufhebens machten die Menschen hier nicht von sich. Schweigsam, verschlossen zwar, aber nicht unfreundlich; ernst und glaubensstark, aber nicht sauertöpfisch, ja oft auch gelassen und heiter konnten sie sein, die Ost-Märker – und wo würde dieser Begriff besser hinpassen als in die östliche Mark Brandenburg!
Ostbrandenburg ist ein Durchgangsland – eines, das man vom Abteilfenster sah, das man im Westen und Süden unseres Vaterlandes nicht nur nicht kannte, sondern oft verkannte: Oder wie soll man es sonst werten, daß 1931 ein Ehepaar glaubte, für eine Reise von Kiel nach Küstrin sich einen – polnischen Sprachführer kaufen zu müssen?
Fehleinschätzungen dieser Art gibt es bis heute, denn nur wenig wurde bisher geschrieben über die kargen Hügel der Neumark und des Landes Sternberg, über die Kiefernheiden der Niederlausitz, die Sümpfe und Wiesen des Warthe- und Netzebruchs. Keine Loreley war zu besingen, keine stolz aufragenden Dome und hehren Ritterburgen, dafür aber weites, am Horizont blau schimmerndes Land, das in seinen Feldern, Wäldern und Auen immer wiederkehrt, sich treubleibt – bis heute: Märkische Heide, märkischer Sand...
Etwas davon zu vermitteln war das Ziel derjenigen, die dieses Buch gestaltet haben, etwas von der eigentümlichen Schwere und Melancholie, die gerade den ergreift, der heute im Zeitalter der Farbe die Landschaft neu auf sich wirken läßt, die in der Erinnerung grau geworden ist.
Ostbrandenburg ist weder das Land eines sinnenfrohen Kunstgenusses, noch tönten laut Sang und Klang; auch keine großen Dichter und Denker sind hier zu besingen. Schon eher ein stilles Heldentum – ob in den Schlachten des Dreißigjährigen und Siebenjährigen Krieges, im Grenzkampf von 1919 oder gar 1945 – oder in Fleiß und Arbeit. Preußische Nüchternheit und Pflichttreue, Zähigkeit und Ausdauer haben die Menschen dieses Landes stets aufgerichtet, sie immer wieder neu anfangen lassen.
Dem folgt der Text: Er soll diese Landschaft skizzieren, wie sie sich in Landeskunde und Geschichte darbietet; Nüchternheit und Sachinformation haben daher Vorrang vor jedem Überschwang. Die Beschaffung der Farbbilder stieß auf viele Schwierigkeiten. Besonders die Städte an Oder und Neiße sind heute oft bis zur Unkenntlichkeit verändert. Auf der Suche nach dem, was wir Deutschen zurückgelassen haben, war hier nur noch wenig zu finden. Aber wir sahen doch noch genug verborgenes Schöne im Lande, das imstande ist, einen Eindruck zu vermitteln von einer Kulturlandschaft, die in mehr als 700 Jahren von deutschen Bauern und Bürgern, Rittern und Arbeitern geschaffen wurde. Etwas davon der Vergessenheit zu entreißen, sind Sinn und Aufgabe dieses Werkes.

Manfred Vollack

OSTBRANDENBURG
MÄRKISCHES LAND JENSEITS VON ODER UND NEISSE

Der Begriff

Wer einen älteren Atlas zur Hand nimmt und eine Karte der Mark Brandenburg aufschlägt, wird den Begriff „Ostbrandenburg“ weder als geographische noch als administrative Bezeichnung finden, schon gar nicht als Namen einer historischen Landschaft. Es ist ein *politischer Begriff*, der erst *1945* geboren wurde, um das Gebiet benennen zu können, das nach dem Zweiten Weltkrieg durch die Beschlüsse von Potsdam „unter vorläufige polnische Verwaltung“ gestellt wurde. Es ist ein Land zwischen zwei Grenzen: der 1919 in Versailles gezogenen Reichsgrenze und der 1950 zur „Oder-Neiße-Friedensgrenze“ erhobenen Demarkationslinie, ein Land, das ein wichtiges Bindeglied zwischen Pommern und Schlesien darstellte, ein wichtiges Durchgangsland zwischen Ost und West.
Ein *Drittel* der Fläche der Mark Brandenburg umfaßt es, genau 11329 von 38278 qkm der Provinz (1939). 644834 der insgesamt 3007933 Bewohner lebten hier (21 v. H.), in 11 Landkreisen und 4 kreisfreien Städten – rechnet man die von der Oder und Neiße zerschnittenen Verwaltungsbezirke mit. Seine Nordgrenze gegen Pommern liegt seit der Mitte des 13. Jahrhunderts fest (wobei wir die erst 1938 an Pommern abgetretenen Kreise Arnswalde und Friedeberg wegen ihrer langen neumärkischen Vergangenheit mit einbeziehen), seine Ostgrenze entstand 1919 als Reichsgrenze (1938 durch die Einverleibung der mittleren Grenzmark auch Provinzgrenze), im Süden liegt die Abgrenzung zu Schlesien seit 1482 bzw. seit 1815 fest, und im Westen trennt ab 1945 eine „natürliche“ Grenze mitten durch vier Städte hindurch das Gebiet von seinem Kernraum.

Die landeskundliche Gliederung

Diese so „begrenzte“ Landschaft Ostbrandenburg stellt auch im geographischen Sinne kein einheitliches Gebiet dar. Seiner Lage in der großen Norddeutschen Tiefebene gemäß bildet sie einen Ausschnitt aus dieser von drei Eiszeiten geformten mitteleuropäischen Großlandschaft.
Die beiden ostwestlich verlaufenden Talzüge der mittleren Oder zwischen Odereck und Neißemündung sowie der unteren Netze und Warthe gliedern das östliche Brandenburg in drei deutlich voneinander geschiedene Räume.
Der erste ist die *neumärkische Hochfläche*, die im Norden unmerklich in den südlichsten Teil des Pommerschen Landrückens übergeht, den Endmoränenkranz, der die äußerste Stillstandslage des Eispanzers der letzten Eiszeit markiert. Es ist eine kuppige, mit vielen Seen durchsetzte Landschaft, die wir als „Neumärkische Seenplatte“ bezeichnen können. Bei Bralitz durchbrach die Oder den Landrücken und umfloß ihn in der Oderberger Schleife in weitem Bogen, bis der Durchstich von Altküstrinchen im 18. Jahrhundert den Abfluß erleichterte. Der enge Durchbruch staute das Wasser, so blieb das Oderbruch und weiter rückstauend das Warthe- und Netzebruch, eine hochwassergefährdete Zone. Der Landrücken geht nach Süden zu allmählich in die große Sanderzone der Neumärkischen Hochfläche über, die von den Schmelzwässern aufgeschüttet wurde, bevor sich die großen Wassermassen in den schon erwähnten Talungen sammelten. Mit einem markanten Steilrand fällt sie dorthin ab.
Diese von Netze, Warthe und ab Küstrin auch von der Oder durchströmte Senke ist das *Thorn-Eberswalder Urstromtal*. Südlich dieser Schmelzwasserrinne wiederholt sich das Formenspiel noch einmal, doch in schon abgeschwächter Weise: Das Land steigt zur *Sternberger Hochfläche* an, einen Rest der Eisstillstandslage der Eiszeit, die in der Lagower Seenplatte (Buchwaldhöhe 227 m) ihre Entsprechung zur Neumärkischen Seenplatte hat, um in die Sanderfläche zwischen

Die Mark Brandenburg

Pleiske und Oder überzugehen, die darauf wiederum nach Süden Steilhänge, ja Berglehnen bildet – diesmal zur mittleren Oder. Die Talung der mittleren Oder bei Crossen gehört zum *Berlin-Warschauer Urstromtal,* das sich im Westen in der unteren Spree und im Osten im ausgedehnten Obrabruch fortsetzt; es ist allerdings wesentlich schmaler und gangbarer als sein nördlicher Vorgänger.

Noch zweimal folgt das Spiel von Landrücken, Sanderfläche und Urstromtal in den *Niederlausitzer Flugsandheiden,* das erste Mal nur schwach ausgeprägt: Oder, Bober und Neiße durchbrechen den Höhenzug, der von Grünberg über Guben nach Fürstenberg reicht und die Fortsetzung des *Nordschlesischen Landrückens* darstellt, dann folgt – hier schwach entwickelt – das *Glogau-Baruther Urstromtal* und schließlich südlich daran anschließend als letzte Landschaftseinheit der *Niederlausitzer Landrücken.*

Ein geschichtlicher Überblick

Die breiten Urstromtäler gliedern die weite Norddeutsche Tiefebene in einzelne, hoch herausragende *Platten,* die der vor- und frühgeschichtlichen Bevölkerung als Siedlungsraum dienten – *Kammern* gleich, die von den sumpfigen, nur an wenigen Stellen passierbaren Tälern abgeschlossen wurden. Die geschichtliche Entwicklung zeigt, daß diese Landschaften, in der Mark Brandenburg „Länder" genannt, die *Bausteine des Landes* sind: Mosaikartig wurden sie erworben und zusammengefügt: Prignitz, Havelland und Zauche, die der vor 850 Jahren (1134) als Markgraf in der *Nordmark* eingesetzte Albrecht der Bär aus dem Hause der *Askanier* bis 1170 erwarb und nun, nach dem wichtigsten Ort in dieser Gegend, „Mark Brandenburg" nannte. Bis 1230/1250 war schon die Oderlinie erreicht.

In der zweiten Hälfte des 13. Jahrhunderts gelang den Askaniern der Sprung über diesen Fluß. Ab 1250 setzten sie sich, anfangs zusammen mit den Erzbischöfen von Magdeburg, im *Lande Lebus* fest, das sie spätestens 1287 ganz in ihrem Besitz haben, und ab 1251 entsteht nördlich von Warthe und Oder die „marchia transoderana" oder „Mark über Oder", die spätere *Neumark.*

Im Mittelabschnitt, dem alten Land Lebus, das bis zur Reformation nur noch in dem 1124/1225 gegründeten Bistum fortlebt, setzt die (Neu-)Gründung von Frankfurt an der Oder 1253 den entscheidenden Akzent: Bis 1300 ist die Obralinie erreicht (vor 1248 Gründung von Meseritz, etwa 1300 Schwerin), doch können diese Städte nicht gehalten werden. 1364 treffen Markgraf Otto der Faule und König Kasimir von Polen eine endgültige Grenzfestsetzung, die bis 1793 Bestand haben sollte.

1320 stirbt mit Waldemar II. der letzte Markgraf aus dem Hause der Askanier. Das Land stürzt in eine tiefe Zerrissenheit, denn ein „falscher Waldemar" kann viele Anhänger gewinnen und damit bürgerkriegsähnliche Zustände entfachen. Eine bayerische Episode, ein lützelburgisch-böhmisches Zwischenspiel, das allerdings der Markgrafschaft die Erhebung zum *Kurfürstentum* (1356) bringt, aber auch den Verlust des Landes *Krone* (1367), fördert infolge der fehlenden Zentralgewalt das Aufkommen des Adels, der im 15. Jahrhundert den seit 1415 mit Friedrich I. in der Mark residierenden *Hohenzollern* schwer zu schaffen machen sollte.

Kurfürst Albrecht Achilles kann 1482 das *Fürstentum Crossen* mit Züllichau und Sommerfeld für das Hohenzollernhaus gewinnen, nachdem schon vorher Friedrich II. die Neumark dem von den Polen bedrängten Orden abkaufen konnte (1455). Mit der Erwerbung von *Cottbus* 1462 war wieder ein Fuß in die Niederlausitz gesetzt worden.

Für längere Zeit bleibt die territoriale Begrenzung im ostbrandenburgischen Raum fest, erst das 18. Jahrhundert bringt wieder Bewegung in die politische Landkarte.

Mit der Königskrönung *in* Preußen 1701 ging dieser Name auf den Gesamtstaat über, Brandenburg war nun eine der *Provinzen* (formal erst ab 1815). Die Zeit des „Soldatenkönigs" festigte den Aufbau des Staates durch die Aufstellung eines stehenden Heeres und die Schaffung eines nur dem Monarchen verpflichteten Beamtentums. Ein gutes Stück dieses inneren Wandels, der nicht ohne Schmerzen vor sich ging, hat sich auf ostbrandenburgischem Boden abgespielt, wenn man an die Katte-Tragödie 1730 im Küstriner Schloß denkt und die Schlachten des Siebenjährigen Krieges hinzunimmt, wie Zorndorf (1758), Kay und Kunersdorf (beide 1759).

Friedrich der Große hatte in seinen drei Schlesischen Kriegen den von seinem Vater gefestigten Staat auf die Probe gestellt und in hartem Ringen, bei dem neben großen eigenen Leistungen auch eine gehörige Portion Glück mit im Spiel war, Erfolg gehabt: 1742, endgültig 1763 gewann er Schlesien dem Zollernstaat hinzu, für unser Gebiet bedeutet das die Erwerbung des Kreises *Schwiebus.*

Nach der schweren Prüfung in der napoleonischen Zeit, in der Küstrin wieder einmal als Festung besonders hart drangenommen wurde, kam mit der Angliederung der *Niederlausitz* an die Mark Brandenburg die vorletzte Etappe in der territorialen Entwicklung dieser Provinz: Sorau, Guben, Spremberg, Luckau, Lübben und Calau wurden als neue Kreise begrüßt. Sie alle kamen zum Regierungsbezirk Frankfurt/Oder, der 1815 aus den neumärkischen und niederlausitzischen Territorien gebildet wurde.

So lebte sie fort als Zentralprovinz in dem zum Großstaat gewordenen Preußen, sicher wie in Abrahams Schoß. Da die schwachen Einzelglieder gefährdet sind, wenn der Körper fällt, mußte auch Brandenburg nach dem Ersten Weltkrieg zittern. Die Gefahr machte noch rechtzeitig Halt, ein kleiner Schutzwall blieb: die *Grenzmark Posen-Westpreußen.* 1938 tauschte man zweieinhalb Kreise dieser Provinz gegen zwei neumärkische – eine der heute Mode gewordenen Gebietsreformen.

Das Jahr 1945 bringt die furchtbare *Katastrophe.* In raschem Vormarsch erreicht die Rote Armee am 30. 1. Küstrin, am 1. 3. Guben und überrennt den östlichen Teil Brandenburgs. In der Neumark, an der Oder und Neiße und im Schlesischen wird noch wochenlang gekämpft, ausgehalten – vergeblich. Hunderttausende begeben sich auf die Flucht, werden von Haus und Hof vertrieben – eine Tragödie in der Geschichte Europas, die ihresgleichen sucht. Die ostbrandenburgischen Menschen müssen einen besonders hohen Tribut zahlen: Mit etwa 257000 Menschen, die die Flucht und Ausweisung *nicht überleben,* stellt dieses in seiner Geschichte oft umkämpfte Land den *höchsten Anteil* an Opfern aller deutschen Vertreibungsgebiete (41,7 v. H.). Viele finden in den drei westlichen Besatzungszonen Aufnahme, ebensoviele in der Sowjetzone, die meisten im restlichen Brandenburg, das noch für sieben Jahre zu einem *Land* gemacht wird, um schließlich völlig von der Landkarte zu verschwinden.

Aus diesem geschichtlichen Ablauf ergeben sich die fünf

Das Rathaus in Königsberg/Nm.

historischen Teillandschaften, die wir in diesem Buche einzeln betrachten und kreisweise von Norden nach Süden durchwandern wollen: die eigentliche *Neumark* nördlich der Warthe, das *Land Sternberg,* die *mittlere Grenzmark,* das *halb märkisch, halb schlesische* Gebiet von Züllichau-Schwiebus-Crossen und die *nordöstliche Niederlausitz.*

DIE NEUMARK

Ein Neumärker ist zäh wie Bast, treu wie Gold und vaterlands- und heimatliebend bis in die Knochen.

„Mark über Oder" nannten es die askanischen Markgrafen, als sie im 13. Jahrhundert jenseits von Oder- und Warthebruch eine neue Mark erwarben. Es ist das hoch über den weiten Talungen der Oder und Warthe aufragende Land, das im Norden und Nordosten unmerklich nach *Pommern* überleitet – in das Land, mit dem es so viel gemeinsam hat. Ursprünglich reichte es bis weit in die Pommersche Seenplatte hinein und umfaßte zwischen 1297 und 1368 noch die Länder Tempelburg und Krone, wie wir auf der *nebenstehenden Karte* sehen können.

Nach der in Jahrhunderten gewachsenen Einteilung unterschied man die engere, *eigentliche Neumark* – die wir hier meinen – und die ihr unter Markgraf Hans im 16. Jahrhundert „inkorporierten" vier Kreise *Sternberg, Crossen, Züllichau* und *Cottbus.* Die eigentliche Neumark wiederum bestand früher aus den drei „Vorderkreisen" *Königsberg, Soldin* und *Landsberg* (dessen Kreisstadt 1892 einen eigenen Stadtkreis bildete) sowie aus den vier „Hinterkreisen" *Dramburg, Schivelbein* (beide kamen 1815 zur Provinz Pommern), *Arnswalde* und *Friedeberg* (letztere 1938 ebenfalls an Pommern angeschlossen). Hier sei die engere Neumark so verstanden, wie sie von 1815 bis 1938 innerhalb des brandenburgischen Regierungsbezirks Frankfurt/Oder bestand.

Doch wie kam Brandenburg zu diesem Land, das übrigens erst seit 1383 mit dem uns geläufigen Namen *Neumark* (lat. Nova Marchia) bezeichnet wird? Ein paar Sätze zur Geschichte sollen daher folgen:

1231 unterstellte Kaiser Friedrich II. das Herzogtum Pommern der *Oberlehnshoheit* der brandenburgischen Markgrafen. Doch die Pommernherzöge lehnten diese „Bevormundung" ab und trachteten nach der direkten Reichsstandschaft, die sie bereits 1181 mit der Belehnung durch Kaiser Friedrich I. Barbarossa erhalten hatten. Das hatte ständige Verwicklungen kriegerischer Art mit den Markgrafen zur Folge, denn im Zuge der Durchsetzung ihrer Lehnsansprüche nahmen diese den Pommern allmählich deren nur schwach beherrschte Randgebiete ab.

So griffen schon zu Beginn des 13. Jahrhunderts die Markgrafen über die Havellinie hinaus und stießen 1214 bei Oderberg an die Oder vor und nahmen um etwa 1230 die sich unter loser Oberhoheit der Pommernfürsten befindlichen Länder *Teltow* und *Barnim* in Besitz, 1250 auch die *Uckermark.*

Ab etwa 1250 sehen wir sie in dem Lande, das in alter Zeit zu Pommern gehörte, aber nun zwischen verschiedenen Mächten heftig umstritten war. In einer geschickten Politik des Ausspielens der in diesem kaum besiedelten Raum gegensätzlich operierenden Kräfte (Pommern, Schlesien, Großpolen) drängen sie den schlesischen Einfluß bis hinter die Pleiske zurück und schieben sich in den dichten Waldgürtel an der oberen Drage zwischen Pommern und Polen vor.

1266 sehen wir eine brandenburgische Besatzung in der Burg *Schivelbein* (nur 40 km von der Ostsee entfernt), 1248 wird im Westen 35 km vom Stettiner Haff in dem 1236 von Pommern erworbenen Lande Stargard *„Neu Brandenburg"* gegründet. Es ist kein Zufall, daß die pommerschen Herzöge ihre ersten Stadtgründungen im Süden vornahmen, um dem Vordringen Brandenburgs einen Riegel vorzuschieben: 1234 Bahn, 1235 Prenzlau, um 1236 Demmin, um 1240 Königsberg/Nm., 1243 Stettin, 1249 Gartz/Oder usw. Die brandenburgischen Markgrafen sicherten ihre Besitzungen an der Nordgrenze ebenfalls, oft waren sie es, die zuerst den Pflock einschlugen. In rascher Folge wird nun Stadt für Stadt gegründet, den Anfang machen 1257 *Landsberg/Warthe,* etwa zu jener Zeit folgen *Zehden, Küstrin, Schönfließ, Soldin* (alle um 1260–1270), *Bernstein, Bärwalde, Friedeberg, Arnswalde...* Dorf auf Dorf entsteht, manchmal unter Beteiligung adeliger Geschlechter, von denen die *Wedells* in der Neumark stellvertretend für andere genannt seien. Später gelingt es den

Brandenburgern, sogar noch über die Drage vorzustoßen und von den Polen das *Land Krone* zwischen Drage, Küddow und Netze zu erwerben.

Doch in der Zeit des Niedergangs nach dem Aussterben der Askanier (1319), in der bürgerkriegsähnliche Fehden das Land zermürbten, gingen der Außenposten Tempelburg und auch das Land Krone 1368 an Polen verloren, 1400/1402 wird sogar die ganze Neumark *verkauft:* Neuer Herr im Land wird der *Deutsche Orden,* der damals auf dem Höhepunkt seiner Macht steht und mit dieser Neuerwerbung eine stärkere Verbindung zum Reich gefunden hat. Der *Markgrafenweg* wird zum Weg der Ordensritter und sollte als Reichsstraße 1 bis 1945 die wichtigste Straßenverbindung zwischen Ostpreußen und dem Reich bleiben. Er durchquerte die Neumark von Küstrin über Landsberg–Friedeberg und verließ sie am oft umkämpften Paß von *Hochzeit.*

Doch die seit 1415 in der Mark Brandenburg herrschenden *Hohenzollern* bauen den Kurstaat – anfangs gegen große Widerstände des einheimischen Adels – planmäßig wieder auf und aus. Dabei gewinnt das Datum 1455 für die Geschichte unseres Gebietes große Bedeutung: Angesichts der schwierigen Lage, in die der Orden durch den Krieg mit Polen gekommen ist (der 13 Jahre dauern und im Zweiten Thorner Frieden zum Verlust Westpreußens und des Ermlandes führen sollte), beschließen die neumärkischen Stände, sich an Brandenburg zu halten und dem Kurfürsten zu huldigen. Die Neumark wird daraufhin vom Orden verkauft – er braucht dringend Geld, um seine Söldner zu entlohnen. Was dem einen sein Leid, ist dem anderen seine Freud – wer hätte je damals daran gedacht, daß Kurbrandenburg 1618 einmal die Probleme des Ordensstaates erben könnte?

Bis 1945 verbleibt die Neumark bei Brandenburg – zwar nicht immer unangefochten, wenn man an den Dreißigjährigen und den Schwedisch-Polnischen Erbfolgekrieg (1654–1660) sowie an das siebenjährige Ringen Friedrichs des Großen gegen die übermächtige Koalition von Österreichern, Russen und Franzosen denkt. Der Natur in hartem Kampf abgerungen, in Kriegen oft zerstört und im Frieden immer wieder auf-, ja ausgebaut; das ist das Schicksal der Neumark in Jahrhunderten gewesen, hat ihre Bewohner geprägt. Unser Spruch ist Sinnbild dafür.

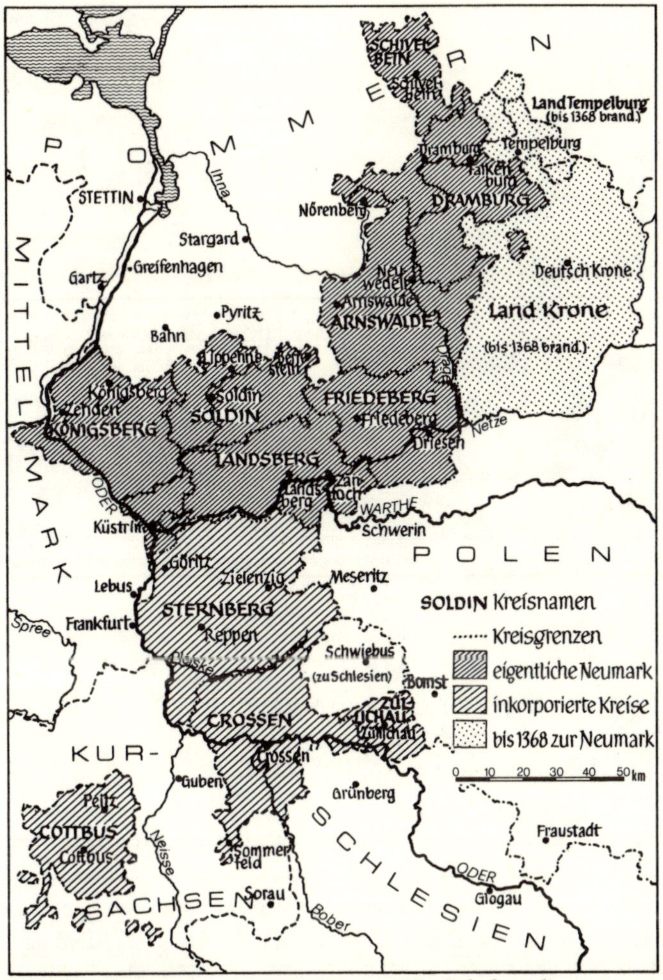

Die Neumark vom 16. bis zum 18. Jahrhundert

Königsberg/Nm. – Panorama-Ansicht von Merian (1652)

IN DER „MARK ÜBER ODER“ DER KREIS KÖNIGSBERG/NM.

Mit dem größten der Kreise Ostbrandenburgs wollen wir unsere Wanderung beginnen, einem Gebiet, das sich durch seine Vielfalt auszeichnet. Wie ein riesiger Keil zieht sich dieser westlichste der drei neumärkischen *Vorderkreise* an der Oder zwischen Küstrin und Schwedt entlang, die Breitseite im Norden gegen den pommerschen Kreis Greifenhagen bildend, die Spitze auf Küstrin richtend. Und doch war die Oder bis 1945 nicht seine Westgrenze, sondern diese folgte alten Wasserläufen im Oderbruch, auch der von der Bralitzer Oderschleife umflossene Rücken von Hohenwutzen, ein Teil des Baltischen Höhenzuges, gehörte zum Königsberger Kreis.

In dem 1523 qkm großen Kreis gab es vor dem Zweiten Weltkrieg (1939) 99 Landgemeinden, 2 Forstgutsbezirke und die acht Städte *Küstrin* (23771 Einwohner), *Neudamm* (7493 Einw.), *Königsberg/Nm.* (6767 Einw.), *Bärwalde/Nm.* (3434 Einw.), *Bad Schönfließ* (2659 Einw.), *Zehden* (1735 Einw.), *Fürstenfelde* (1531 Einw.) und *Mohrin* (1227 Einw.); im gesamten Kreisgebiet lebten damals 98247 Menschen. Soweit die Statistik.

Seiner großen Ausdehnung entsprechend hatte der Kreis Anteil an den drei neumärkischen Landschaftseinheiten: Im Westen und Süden dem *Oderbruch,* im Norden an der *neumärkischen Seenplatte* mit dem *Landrücken* und dazwischen die Grundmoränenplatten und Sandergebiete der *neumärkischen Hochfläche.* Der Norden ist mit seinen Seen, seiner kuppigen Endmoräne lieblicher und abwechslungsreicher. Hier ist nur 4 km von der pommerschen Grenze entfernt die Kreisstadt Königsberg zu finden.

Das Stadtbild von *Königsberg* war einst – neben dem geschichtsträchtigen Küstrin – der Stolz des Kreises. Die

Übersichtskarte des Kreises Königsberg/Nm.

eindrucksvolle Marienkirche mit ihrem hohen Turm, die beiden Stadttore, die so stark an die Pyritzer Stadttore erinnern, die Stadtmauer und das prachtvolle spätgotische Rathaus hatten weit und breit nicht ihresgleichen. *Hatten,* muß man leider sagen, denn der letzte Krieg traf diese Stadt schwer; die Polen haben sich mit der Wiederherstellung der historischen Bauten bisher viel Zeit gelassen. Das Rathaus erstrahlt zwar wieder im alten Glanz, doch die Umgebung ist trostlos: Es gibt keine Häuser mehr am Marktplatz; gegenüber steht die Ruine der Marienkirche!

Königsberg war einst eine wohlhabende Stadt, die vermutlich um 1240 noch vom pommerschen Herzog Barnim I. gegründet wurde, der dieses Land *Chinz* damals unmittelbar beherrschte. Von dieser Landschaft, die auch als *Kenitz* erscheint, stammt auch der Name her: Kenitzburg = Königsberg. In der hier angesprochenen Burg soll um 1180 sogar Bogislaw I., der erste pommersche Herzog, residiert haben. Mit dem Vordringen der askanischen Markgrafen in der Neumark wurde Königsberg um 1267–1270 eine brandenburgische Stadt.

Im Mittelalter spielte das Königsberger Gebiet in religiöser Hinsicht eine Rolle. In eine Reihe von Dörfern hatte die Bewegung der *Waldenser* Eingang gefunden, die natürlich von der Kirche heftig bekämpft wurde. Man verdächtigte sie, mit dem Teufel im Bunde zu stehen; daher wurden sie auch als „Luciferianer" beschimpft. Im nahen *Angermünde* hatten sie ihren Hauptstützpunkt – als „Ketzangermünde" war diese Stadt lange verschrien; im Königsberger Gebiet waren besonders die Bewohner von *Groß* und *Klein Wubiser, Bärwalde, Dürrenselchow, Mohrin, Zehden* und *Zellin* Anhänger dieser Sekte geworden. Die seit 1392 tätige Inquisition tat sich mit der Unterdrückung schwer, noch nach 1480 gab es Ketzerverfolgungen.

Mit *Neudamm* besaß die Neumark sogar eine richtige *Industriestadt.* Mit ihren nur 450 Jahren ist sie zudem nach Vietz die jüngste Stadtgründung dieses Landes. Wie war es dazu gekommen? Der Küstriner Markgraf *Hans,* von dem noch im Zusammenhang mit Küstrin die Rede sein wird, hatte das schon 1261 genannte Dorf Damm im Jahre 1540 seiner Gattin Katharina geschenkt, die hier einen Wirtschaftshof einrichtete. Sie siedelte auch vertriebene protestantische Tuchmacher aus den spanischen Niederlanden an, ließ für sie eine Schule und Kirche erbauen und den sich kräftig entwickelnden Ort 1562 zur Stadt erheben.

Die wohl bedeutendste „Mitgift" war die seit 1568 bezeugte *Druckerei* in Neudamm, der gleichzeitig eine *Papiermühle* angeschlossen war, die bis nach Berlin und Frankfurt/Oder Papier lieferte. Diese publizistische Tätigkeit machte aus dem gewerbefleißigen, regen Ort auch einen kulturellen Mittel-

Neudamm – Panorama-Ansicht von Merian (1652)

punkt, wie er in der noch „bücherarmen" Zeit des 16. Jahrhunderts im Norden Deutschlands selten war. Trotz der Zerstörungen im Dreißigjährigen Krieg wuchs sich das *Tuchmachergewerbe* in der Folgezeit weiter zu einem bedeutenden Industriezweig aus, dessen 5 Filzhutfabriken 1927 zum Beispiel einen erheblichen Auslandsabsatz verbuchen konnten. Die Buchdruckerei lebte bis 1945 in dem bekannten Zeitschriftenverlag *J. Neumann*-(Neudamm) weiter. Nach dem Zweiten Weltkrieg, der auch hier alles zusammenbrechen ließ, war Neudamm eine Zeitlang sogar Sitz der polnischen Kreisverwaltung Königsberg/Nm., da die alte Kreisstadt allzu stark zerstört war, um Behörden aufnehmen zu können.

Es dürfte wenige Orte geben, die so innig mit der preußischen Geschichte verwoben waren, ja so zutiefst preußisch waren, wie *Küstrin.* Diese Stadt an der Mündung der Warthe in die Oder hat im Verlauf ihrer 750jährigen Geschichte alle Höhen und Tiefen der brandenburgisch-preußischen Vergangenheit auskosten müssen, ist zu einem Symbol für Preußens Aufstieg und Größe, für Preußentum schlechthin geworden, zuletzt in ihrem heroischen Untergang.

Lassen wir die ältere Geschichte des im Mittelalter noch wenig bedeutenden Ortes beiseite. Erst das Jahr 1536 sollte der Stadt die große Wende bringen, als der soeben in der Neumark zur Regierung gelangte *Markgraf Johann,* vom Volke liebevoll *Hans* genannt, Küstrin anstelle der bisherigen Hauptstadt Soldin zu seiner *Residenz* machte. Er ließ die Stadt zu einer *Festung* ersten Ranges ausbauen, die in der Folgezeit zum militärisch wichtigsten Platz in der Mark Brandenburg östlich der Oder werden sollte. Hier erbaute er sich auch das *Residenzschloß* in den reichen Formen der Renaissance. Die Bastionen, Wälle und Mauern überstanden sicher die Kriege des 17. und 18. Jahrhunderts und hielten den feindlichen Belagerungen stand, wenngleich die Stadt selbst 1758 abbrannte. Ihr damaliges Ausharren trug erheblich zum Sieg von Zorndorf bei. Friedrich der Große ließ es sie nicht

entgelten, was er in ihren Mauern 1730 erleben mußte, sondern half großzügig mit Geldern beim Wiederaufbau. Erst 1919 hörte Küstrin auf, Festung zu sein. Der Versailler Vertrag befahl die Schleifung.
Und doch hatte Küstrin noch einmal die altbekannte Rolle zu spielen, als in der Schlußphase des Zweiten Weltkrieges am 31. 1. 1945 die Rote Armee die Stadt erreichte. Küstrin mußte nun, obwohl darauf nicht vorbereitet, für volle zwei Monate den Sperriegel für Berlin bilden, den Vormarsch der Sowjets auf die Reichshauptstadt aufhalten. *Siebenmal* rückte die Frontlinie hin und her. Als die „Festung“ am 31. 3. 1945 in die Hände der Russen fiel, war die Altstadt zu 100 v. H. zerstört. Sie ist bis heute nicht wiederaufgebaut worden, Büsche und Bäume überwuchern die alte Siedlungsstätte – eine moderne *Stadtwüstung*. Der westlich der Oder gelegene Stadtteil *Kietz* gehört jetzt zum Bezirk Frankfurt/Oder in der DDR, während die Küstriner *Neustadt* als polnischer Stadttorso ein kümmerliches Dasein fristet.
1730: Wenn man so will, war es das *Schicksalsjahr* des preußischen Kronprinzen Friedrich. Nach seiner Flucht und Festnahme hatte ihn sein Vater, der gestrenge „Soldatenkönig“, zum Tode verurteilen lassen (wie bekannt, gegen den Rat seiner Kriegsgerichtsräte), ebenso den Leutnant *Katte,* den Freund und Vertrauten des jungen Friedrich. Das Urteil gegen den Sohn wandelte der Vater in Haft um, der Kronprinz mußte allerdings die Hinrichtung seines Freundes mitansehen.
Oft ist die vermeintliche Härte des Königs verurteilt worden, aber ebensooft wurde sie verteidigt. Wenn man Friedrich Wilhelm I. verstehen will, muß man um die Unerbittlichkeit wissen, mit der er sich selbst in die Pflicht nahm, seinen Staat mit äußerster Sparsamkeit und Nutzanwendung regierte; tiefgläubig, wollte er seinen Untertanen ein strenger, jedoch gerechter Hausvater sein. Es muß diesen geradlinigen Mann daher schwer getroffen haben, daß sein eigener Sohn, der zukünftige König, zum *Deserteur* wurde, ihn so enttäuschen konnte. Das Urteil *mußte* demnach um der *Staatsraison* willen so ausfallen – die königliche Gnade des Vaters konnte erst dann folgen, aber nur für den Sohn. Katte mußte sterben, damit Preußen glaubhaft blieb.
Der König litt sehr unter diesem Zwang, dem er sich ausgesetzt sah. Der oft grobschlächtig wirkende Mann offenbart in den beiden Briefen, die er dem vor Gram gebeugten alten Katte schrieb, eine rührend hilflose Art, die keine Spur von Härte zeigt. Auch seinem Sohn gegenüber wandelte er sich, als dieser „Querpfeifer und Poet“, wie er ihn einmal abwertend nannte, sich fortan um seine Pflicht bemühte. Schließlich – das wird man wohl mit Fug und Recht sagen dürfen – wäre aus dem Kronprinzen Friedrich ohne das Küstriner Erlebnis kaum der *erste Diener seines Staates* geworden, der – das Werk seines Vaters fortsetzend – zum Vollender preußischer Haltung schlechthin wurde. Preußentum ist nie eine Sache für Bequeme gewesen, sondern bedeutete immer Selbstüberwindung, Pflichterfüllung – „mehr sein als scheinen“. Küstrin ist der *Schlüssel* dazu.

Küstrin – Schloß

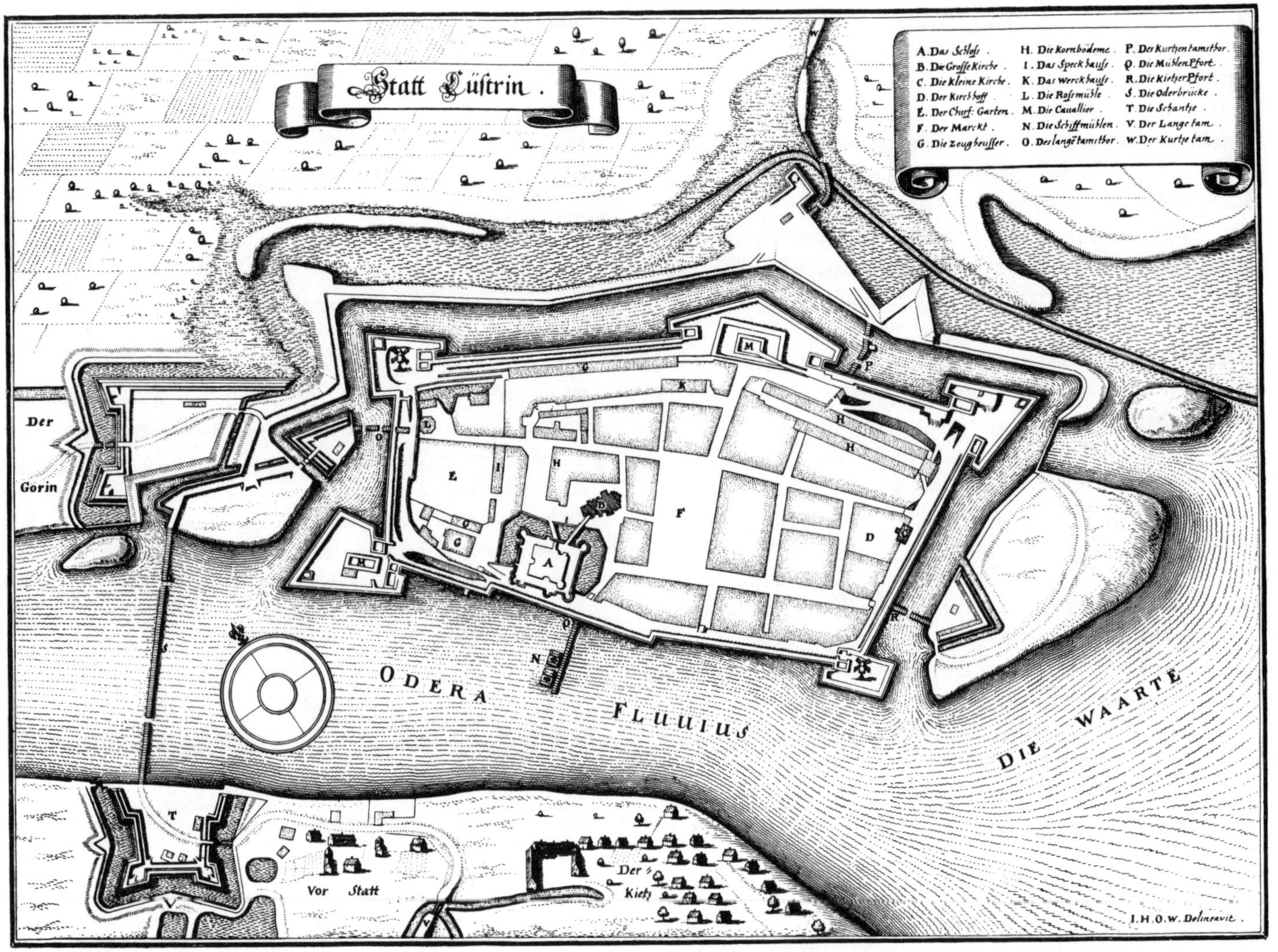

Plan der Festung Küstrin von Merian (1652)

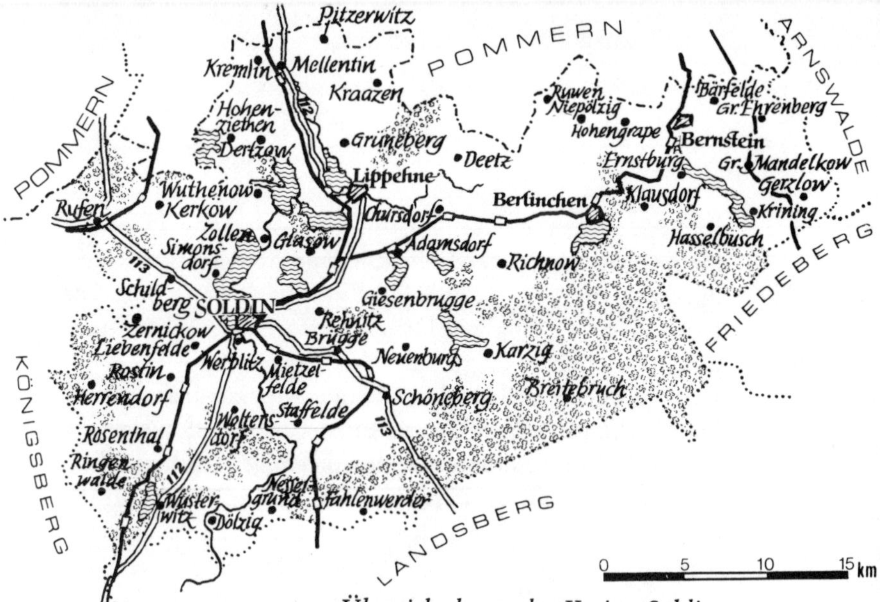

Übersichtskarte des Kreises Soldin

IM HERZEN DER NEUMARK
DER KREIS SOLDIN

Zwischen den Hügeln des Endmoränenbogens, der hier Pommern und Brandenburg trennt, und den blauen Seen liegt das Soldiner Land. Nach Norden hin ist es offen und geht in die fruchtbaren Fluren des Pyritzer Weizackers über, im Süden sperren die großen Kiefernheiden den Kreis gegen das Landsberger Gebiet ab – mit der längsten *geradlinigen* Kreisgrenze, die es in Deutschland gab.

Seine *Offenheit zu Pommern* hat in der Geschichte des Kreises oft eine Rolle gespielt. Das begann schon im 13. Jahrhundert, als die Markgrafen von der Oder und Warthe her in das waldreiche Land vordrangen und um 1270 unweit einer slawischen Burganlage die Stadt *Soldin* gründeten, die in ihrer *Regelmäßigkeit* zum Vorbild für viele Anlagen ostdeutscher Städte werden sollte: Ein kreisförmiger Grundriß mit schachbrettartiger Aufteilung der Innenstadt, ein Quadrat für den Marktplatz ausgespart, eines für die Kirche. Die Hauptstraße, die die Stadt durchzog, wurde zur „Richtstraße", an der der Stadtplan ausgerichtet wurde.

Die Markgrafen hatten mit Soldin viel vor: 1281 machten sie das junge Gemeinwesen zum *Rechtsvorort* für die neumärkischen Städte – die künftige Rolle als *Hauptstadt der Neumark* deutete sich an. Schon 1275 war hier das einzige Dominikanerkloster dieser Landschaft entstanden; schließlich wurde 1296 nach Soldin die Propstei (Archidiakonat) von Zantoch verlegt und 1298 ein Prämonstratenser-Kollegiatstift (Domstift) errichtet. Soldin, das mit nahezu der gesamten Neumark zum pommerschen Bistum Cammin gehörte, war somit zum *kirchlichen Mittelpunkt* der „Mark über Oder" geworden, wie diese Landschaft damals noch hieß.

Die politische Hauptstadtfunktion sollte nicht lange auf sich warten lassen – bald war Soldin auch *Tagungsort der neumärkischen Stände.* Zeuge jener großen Zeit ist bis heute der mächtige *Dom* geblieben, die Kollegiatskirche der Prämonstratenser, deren herbe Granitquader zusammen mit der Gedrungenheit dem Bau etwas Archaisches verleihen, etwas typisch *Märkisches.*

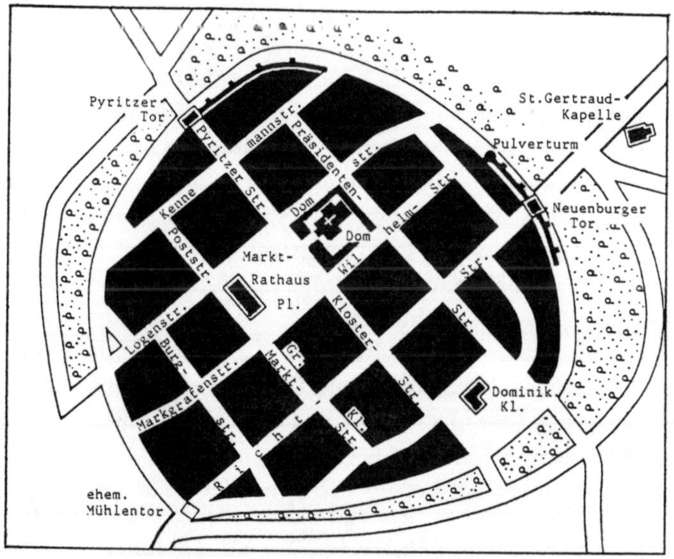

Plan der Altstadt von Soldin (1939)

Im 16. Jahrhundert trat Küstrin unter Markgraf Hans die Hauptstadtrolle an. Soldin wurde eine stille Kreisstadt und blieb dies bis 1945. Seine 6124 Einwohner waren vor dem Krieg in Verwaltung und Handwerk sowie als Ackerbürger tätig.
1938 wäre der Kreis beinahe zu Pommern gekommen, wie die Nachbarkreise Arnswalde und Friedeberg – 1945 widerfuhr dies dem Städtchen *Lippehne,* das mit einigen Dörfern seiner Umgebung zum Kreis Pyritz geschlagen wurde, um dort für das völlig zerstörte Pyritz Kreisstadt zu spielen. So abwegig war das nicht, wie man vielleicht glauben könnte, denn vor 1276 gehörte das Land Lippehne bereits zu Pommern, und zwar dem Camminer Bischof. Die kleine „Lindenstadt", wie sie sich gern nannte, mit ihren beiden Stadttoren und dem noch heute intakten Stadtbild zählte 4374 Einwohner.

Ansicht des kurfürstlichen Amtes Karzig von Merian (1652)

Dritte im Reigen der Städte des Soldiner Landes ist *Berlinchen.* Ein drolliger Name, der von der trockenen Art kündet, mit der die Neumärker sich selbst auf den Arm nehmen konnten. Dabei hatte es ganz ernst angefangen: 1278 hatten hier wohl Bürger aus dem selbst erst kurz vor 1240 entstandenen Berlin an der Spree eine Tochterstadt gegründet, die demzufolge den Namen *Neu Berlin* erhielt. Doch im Laufe der Zeit muß das Mißverhältnis zwischen dem Wachstum der Mutterstadt und ihrem Ableger so groß geworden sein, daß man das Neu – das nun auch langsam alt wurde – mit dem -chen tauschte. Sei's drum! Berlinchen blieb klein: Die Ackerbürger gaben hier den Ton an, Weltbürger verirrten sich wohl kaum in das idyllische Städtchen mit seinen 7595 Bewohnern.
Bleibt noch die Stadt *Bernstein.* Ihr Name hängt nicht, wie man vermuten könnte, mit jenem begehrten Harzprodukt zusammen, das schon im Altertum von den Gestaden der Ostsee bis zum Römerreich gehandelt wurde, sondern mit dem Adelsgeschlecht derer *v. Behr,* die um 1250 wohl als Lehnsleute der pommerschen Herzöge in der nördlichen Neumark bezeugt sind: Ein Ritter Lippold von Berenstein schenkte in diesem Raum 50 Hufen einem geistlichen Orden. Bald darauf muß die Stadt von den Söhnen dieses Lippold gegründet worden sein. Mit dem Übergang dieses Gebietes an die askanischen Markgrafen verschwand das Geschlecht derer von Behr aus dem Land Bernstein. Diese „terra" wurde schon 1315 an die Pommernherzöge verkauft, bei denen Stadt und Land bis 1478 verblieben.
In jenen Jahren konnte Kurfürst Albrecht Achilles von Brandenburg die Stadt und einen Teil der alten terra zurückerobern, der Rest blieb als weit nach Süden ragender Zipfel des Kreises Pyritz bis 1815 bei *Pommern* und bildete das Amt Bernstein. Die Stadt befand sich von 1485–1728 als adelige Mediatstadt im Besitz der Familie *v. Waldow,* ehe sie der preußische König Friedrich Wilhelm I. kaufte. Sie gehörte bis 1815 zusammen mit den Forsten und dem schon 1478

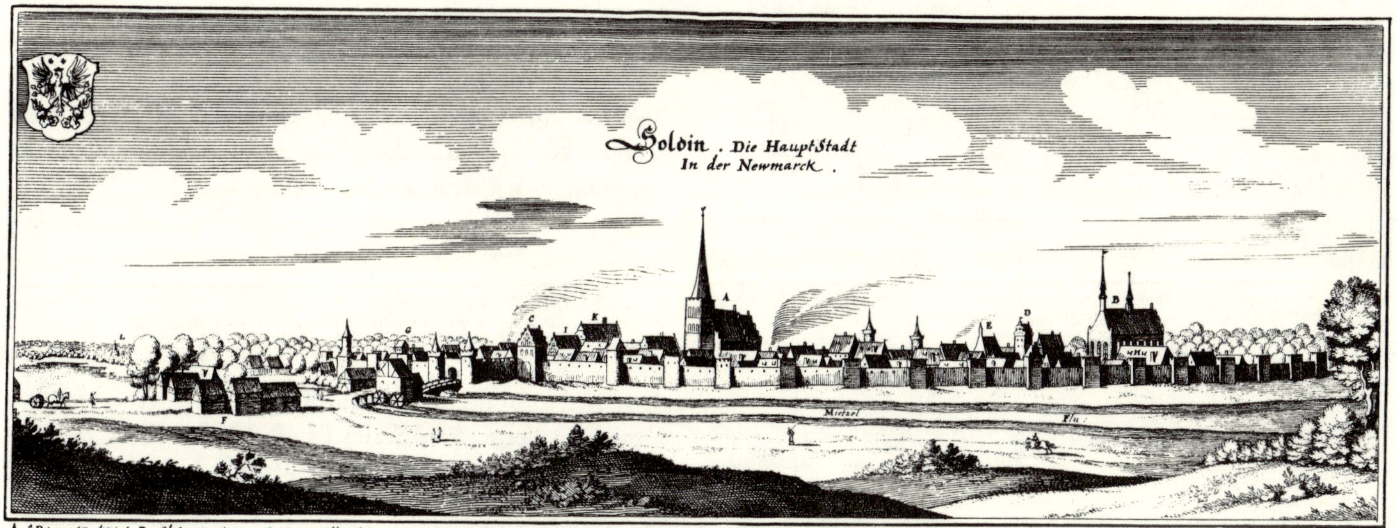

Soldin – Panorama-Ansicht von Merian (1652)

brandenburgisch gewordenen Teil des Landes Bernstein zum Kreis Arnswalde. Erst im Jahre 1815 wurde diese alte Landschaft wiedervereinigt und dem Soldiner Kreis angeschlossen, dessen östlichsten Teil sie fortan bildete. 1939 zählte das Ackerbürgerstädtchen 2581 Einwohner.

Territorialgeschichte kann verwickelt sein, das gilt nicht nur für den Westen Deutschlands, wo die politische Landkarte früher einem Fleckerlteppich glich – auch der scheinbar in dieser Hinsicht so einförmige Osten hatte da seine Eigenheiten. Andererseits zeichnete er sich durch eine oft jahrhundertelange Stabilität von Grenzen aus. Der Kreis Soldin machte da keine Ausnahme: Die Nordgrenze gegen Pommern lag seit 1276 fest, die Südgrenze seit dem 16. Jahrhundert – was will man mehr.

Das Soldiner Kreisgebiet mit seinen 1 145 qkm gehörte zu den *fruchtbarsten* Strichen der Neumark, von der Gesamtfläche waren etwa 65 v. H. landwirtschaftlich genutzt. Ein ertragreicher *Getreidebau* und eine hochstehende *Viehzucht* wurde in mustergültigen Betrieben erbracht, die teils bäuerlicher Art, teils Rittergüter waren. Im mittleren Teil des Kreises, auf den mehr sandigen Böden, hatte die *Kartoffel* ihr Reich, die neben dem zum Verzehr bestimmten Anteil noch in rund 45 Brennereien und Stärkefabriken verarbeitet wurde – ein charakteristischer Ausschnitt der ostdeutschen Landwirtschaft, die vor dem Kriege in so hohem Maße zur Ernährung unseres Volkes beitrug.

Typisch auch die Herrenhäuser: Schlicht, doch würdig, ohne Zierat und barocke Überladung stellten sie sich dem Betrachter dar, ernst und erhaben wie die Landschaft und ihre Menschen. *Hohenziethen* ist so ein Beispiel, *Karzig* ein anderes. Als früheres kurfürstliches Amt erscheint letzteres sogar in einer Ansicht von Merian: Es war im 16./17.

Hohenziethen – Schloß und Kirche

Jahrhundert kurfürstliches Jagdschloß und eine Domäne, deren großer Besitz vor der Reformation dem Prämonstratenser-Kollegiatstift Soldin gehörte. Das Gut *Ringenwalde* war auf dem Erbwege in den Besitz Alexander v. Humboldts gekommen, der es 1802 veräußerte, um seine Forschungsreisen in Südamerika finanzieren zu können. *Krauseiche, Kerkow* und *Schildberg* waren im 17. Jahrhundert im Besitz des Siegers von Fehrbellin, des preußischen Generalfeldmarschalls Derfflinger, der eigentlich aus Neuhofen an der Krems stammte. Auf *Kraatzen* saßen seit 1702 die Nachkommen der Cranachs, der großen Malerfamilie der deutschen Renaissance. So ließe sich die Reihe fortsetzen, nicht nur im Kreis Soldin, sondern im deutschen Osten überhaupt. Die Rolle des ostelbischen Adels für die deutsche Kulturentfaltung ist noch viel zu wenig gewürdigt worden.

Manches Alte hatte sich in den Dörfern erhalten, wie das *neumärkische Platt,* das zu den märkischen Mundarten gehört, die zu beiden Seiten der unteren Oder weit nach Pommern hineinreichen. Daß dabei gelegentlich auch Spott über die näheren Nachbarn deutlich wird, mögen die folgenden Redensarten zeigen: „In Zolln (Zollen) wollnsen hollen." Oder: „In Lippehn (Lippehne) breekens emm d'Been" und „In Ziethen (Hohenziethen) wollnsen gripen."

Wenn es stimmen sollte, dann höchstens vor langer Zeit, denn die Neumärker sind sonst sehr friedliche Leute gewesen – wenn man sie nicht ärgerte.

AM RANDE DES WARTHEBRUCHS STADT UND KREIS LANDSBERG

Zwei Seiten hat der Kreis Landsberg: eine *trockene* und eine *nasse.* Gemeint sind die beiden Landschaften, die das Bild des Kreises bestimmen – im Norden die südliche Abdachung der *neumärkischen Hochfläche,* die überwiegend aus Sandern besteht und daher von Wald bedeckt ist. An ihrem vielfach deutlich ausgeprägten und zwischen Wepritz und Döllensradung sehr zersägten Rand fließt die Warthe entlang, in einer weiten Senke, dem *Thorn-Eberswalder Urstromtal.* Sie tritt bei Morrn in den Kreis ein, biegt nach Norden ab, um bei Zantoch erneut die westliche Richtung einzuschlagen – gewissermaßen in Verlängerung ihres längsten Nebenflusses,

Der Klickstein

der Netze, die sie hier aufnimmt. Unterhalb von Zantoch verzweigte sich der Strom früher und bildet das *Warthebruch,* das sich bis Küstrin erstreckt. Es wird im Süden von den Höhen des Sternberger Landes begrenzt, die bei Altensorge noch in das Kreisgebiet hineinreichen. 1166 qkm umfaßte der Landkreis und zählte 53024 Einwohner (1939).

Noch vor über 700 Jahren waren Bruch und Höhe eine einzige Sumpf- und Waldwildnis, die man nur an wenigen Stellen passieren konnte. Einer dieser Übergänge lag bei *Zantoch* – dort, wo Netze und Warthe zusammenfließen, wie es auch das Titelbild dieses Buches zeigt. Gegenüber dem heutigen Dorfe auf dem Südufer der Warthe liegt ein flacher Hügel in der Niederung, vom Volksmund „Schanze" genannt. Die 1931/1932 vorgenommenen Ausgrabungen zeigten, daß hier das ganze Mittelalter hindurch Burgen bestanden; insgesamt konnten 12 derartige Anlagen nachgewiesen werden. Zantoch also ein *Troja des Nordens?*

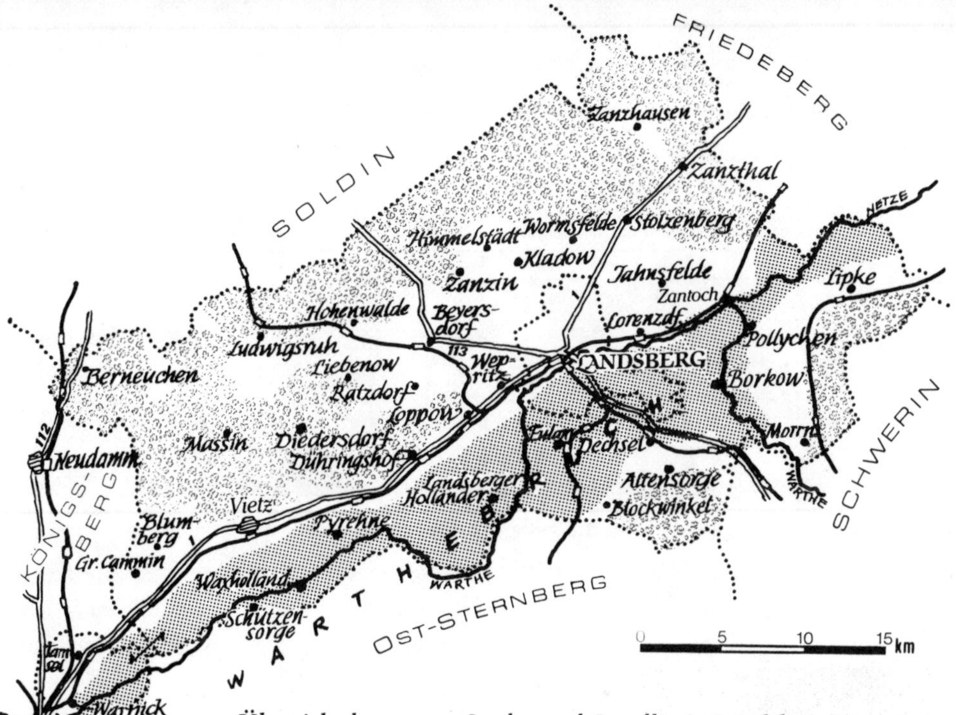

Übersichtskarte von Stadt- und Landkreis Landsberg

Der Vergleich ist gar nicht so falsch. Auch hier löste eine Befestigungsanlage die andere ab, wurde über den Resten der Vorgängerin errichtet und durch Aufschüttung erhöht. Die Burgen 1–5 stammen aus slawischer Zeit, wobei die erste nur mit einem Palisadenzaun umgeben war und wohl in die Mitte des 10. Jahrhunderts angesetzt werden kann, als die Polen Pommern zu erobern versuchten. Zantoch war damals eine *pomoranische* Grenzburg, die später wiederholt in *polnischen* Besitz überging. Die Burgen 6–9 sind in *frühdeutscher* Zeit angelegt worden, wohl nach 1230; erst bei der von Markgraf Otto V. erbauten Burg 8 sind Steine als Baumaterialien verwendet worden. Aus der Zeit nach 1370, besonders aus der Ordenszeit, entstammen nacheinander die drei mittelalterlichen Turmburgen (10–12). Nahezu alle Burganlagen wurden gewaltsam zerstört.

Zantoch war damals Sitz eines polnischen Burggrafen (Kastellans) und zugleich bis 1296 der kirchliche Mittelpunkt des unteren Warthegebietes; seine Bedeutung schwand, als dieses Gebiet um 1260 an die Markgrafen von Brandenburg fiel, die in Landsberg und Soldin neue städtische Zentren schufen.

Die 1257 von Markgraf Johann I. gegründete Stadt „Neu *Landsberg*" trat nun die Rolle als Mittelpunkt des unteren Warthegebietes an. Neben Berlinchen ist sie die einzige Stadt, von der wir das Gründungsjahr wissen. Die günstige Lage am Warthestrom und an alten Verkehrswegen, die nach hierher umgelegt wurden, ließ die neue Stadt bald aufblühen und den alten Ort Zantoch verkümmern. Der bedeutende Getreidehandel und lebhafte Warenaustausch hatte lediglich in Frankfurt an der Oder einen Konkurrenten, ansonsten war Landsbergs Weg zur *größten Stadt der Neumark* vorgezeichnet. Daran konnten auch die Schäden in den Kriegen des 17. und 18. Jahrhunderts nicht viel ändern, die Stadt entstand immer wieder – wie der Phönix aus der Asche.

Schloß Tamsel

Landsberg besaß bis ins 19. Jahrhundert hinein unter allen neumärkischen Städten den größten Grundbesitz; 28900 Morgen davon lagen allein im Warthebruch. Die in der Regierungszeit Friedrichs des Großen einsetzenden Kultivierungsmaßnahmen, von denen wir weiter unten noch hören werden, brachten die Ansiedlung von 650 Kolonistenfamilien auf Landsberger Besitz und damit der Stadt Steuereinnahmen. Doch wurden die neuen Siedlungen bald nach 1815 selbständige Gemeinden. Auch sonst änderte sich Landsbergs Wirtschaftsstruktur im vorigen Jahrhundert: Das alte Tuchmachergewerbe kam durch die russischen Zollschranken (1820) zum Erliegen, Maschinenfabriken, Eisengießerei, Kalkbrennerei und eine große Jutespinnerei traten an seine Stelle.

Einen starken wirtschaftlichen Impuls hatte schon nach 1772 die Eröffnung des Bromberger Kanals bewirkt, die Inbetriebnahme des Ostbahnabschnitts Frankfurt/Oder – Küstrin – Landsberg – Kreuz im Jahre 1857 hatte eine noch viel größere Wirkung. Das zeigt sich nicht zuletzt in den Einwohnerzahlen, die von 1849 mit 12079 auf (1905) 36934 und bis 1939 auf 48078 Personen anstiegen. 1892 schied die Stadt aus ihrem Landkreis aus und bildete fortan einen eigenen Stadtkreis. Seit Ende des 19. Jahrhunderts entwickelte sich in zunehmendem Maße Landsberg zu einem kulturellen Zentrum der Neumark: Schon von 1816–1847 hatte es ein Schauspielhaus besessen, das 1873 in einem Aktientheater und 1917 im Stadttheater einen Nachfolger fand: 1895 wurde das Gymnasium gegründet. Nach dem Ersten Weltkrieg nahm die Stadt aus dem verlorenen Bromberg das Kaiser-Wilhelm-Institut für Landwirtschaft auf, aus der die Preußischen Landwirtschaftlichen Versuchs- und Forschungsanstalten wurden, denen die ostdeutsche Landwirtschaft so viel zu verdanken hat.

Das furchtbare Ende von 1945, die Zerstörung der Stadt und die Vertreibung der Bewohner haben Landsberg völlig verändert. Zwei Maßnahmen der polnischen Behörden waren es, die die Warthestadt dennoch wieder aufstreben ließen: die Einsetzung eines Apostolischen Administrators, der seit 1972 als ordentlicher Diözesanbischof fungiert, und die Erhebung

Himmelstädt – Kirche

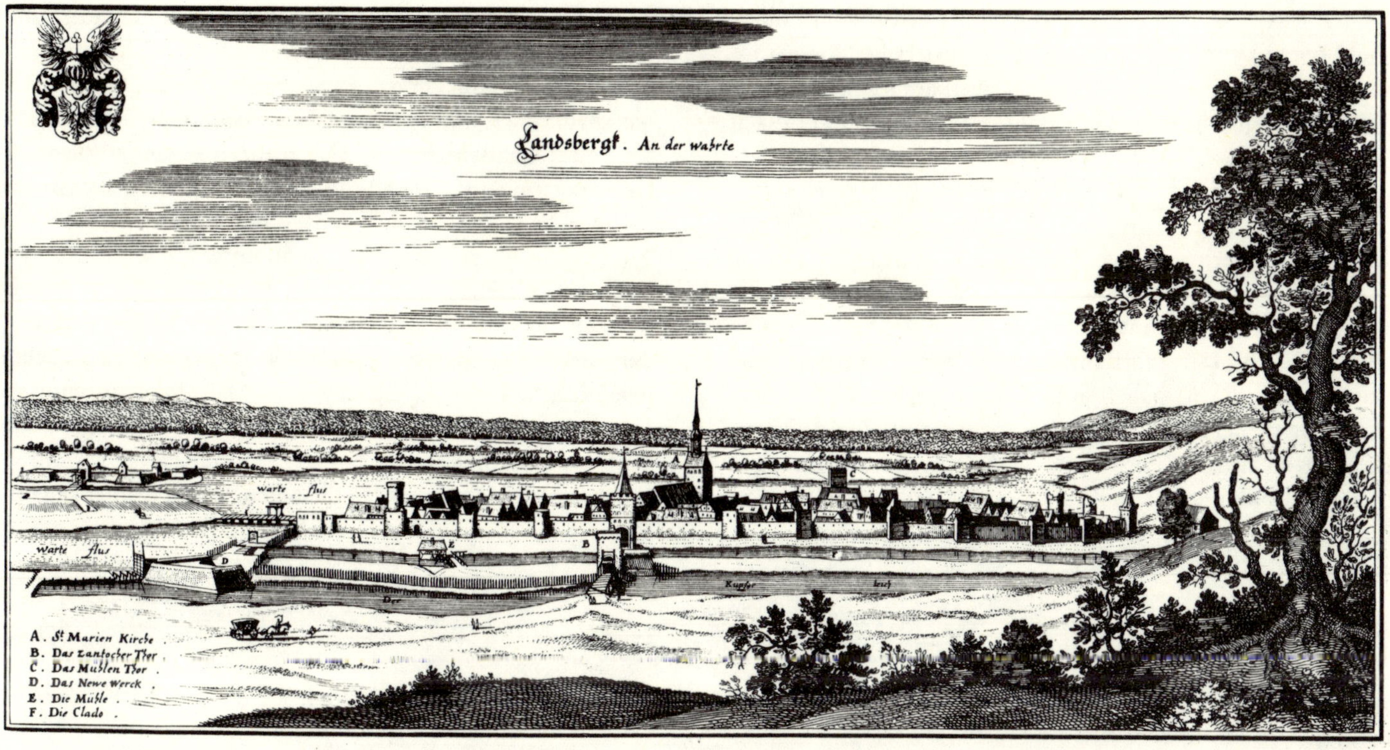

Landsberg/Warthe – Panorama-Ansicht von Merian (1652)

zum Wojewodschaftssitz 1975. Damit wurde Landsberg ein geistliches Zentrum und eine Verwaltungsstadt mit der Folge, daß es bis jetzt über 100000 polnische Einwohner aufgenommen hat.

Bevor wir uns der friderizianischen Zeit zuwenden, die in so hohem Maße die Landschaft um Landsberg geprägt hat, sei noch des „locus coeli" gedacht, der Stätte des Himmels, an der Zisterziensermönche aus Kolbatz um 1300 ein Kloster gründeten: *Himmelstädt.* Leider ist auf unsere Zeit nichts gekommen, da das 1539 säkularisierte Kloster ein landesherrliches Amt wurde und die Gebäude 1872 völlig abbrannten. Auch Schloß *Tamsel* verdient ob seiner reichen Kunstschätze ein paar erwähnende Worte: Es befand sich im 17. Jahrhundert im Besitz des brandenburgischen Feldmarschalls Hans Adam v. Schöning, der hier beigesetzt ist. Fontane hat der Zeit, als der junge Kronprinz Friedrich hier der geistvollen und charmanten Gutsherrin Eleonore von Wreech den Hof machte, ein Denkmal gesetzt. Damit wären wir bei dem Mann, der wie kein anderer das Landsberger Gebiet geformt hat und auf dessen Wirken wir schon wiederholt gestoßen sind und es noch oft tun werden: *Friedrich der Große.*

Der Landsberger Kreis kam nachhaltig in den Genuß der Maßnahmen, die in der friderizianischen Zeit zur Hebung der Wirtschaft und des Landesausbaus getroffen wurden. In seiner Küstriner Zeit hatte Kronprinz Friedrich im Unterricht seines Lehrers, des Kammerdirektors Hille, über nationalökonomische Fragen die Grundlagen des Merkantilismus kennengelernt, die ihm später während seiner Regierungszeit zugute kamen. 1752 ließ er in Preußen – in Erwartung eines dritten Krieges um Schlesien – sieben neue *Eisenhütten* errichten, davon allein zwei in unserem Kreis: 1754 ein Eisenhüttenwerk mit zwei Hochöfen in *Vietz* und 1762 in *Zanzhausen* ein Hammerwerk; dazu gehörte die gleichzeitig angelegte Weißblechhütte *Zanztal.* Diese Werke belieferten Preußen im 18. Jahrhundert mit Artilleriebedarf und Gebrauchsguß. Sie haben nach ihrer Stillegung bzw. Privatisierung weitergewirkt: Das Dorf Vietz zog weitere Gewerbebetriebe an sich (Ziegeleien, Sägewerke, Maschinen- und Möbelfabriken) und konnte sich um 1850 als größte Landgemeinde der Provinz bezeichnen; 1935 erhielt es Stadtrechte, 1939 lebten hier 5623 Einwohner.

Eine andere Maßnahme der Zeit Friedrichs des Großen war die später nach ihm benannte *Friderizianische Kolonisation.* Sie betraf Landstriche, die sich bisher der landwirtschaftlichen Nutzung und Besiedlung durch den Menschen entzogen hatten. Die nasse Seite des Kreises, das *Warthebruch,* war bis ins 18. Jahrhundert eine einzige Sumpfwildnis, die oft während der vielfach verheerenden Hochwässer der Warthe wochenlang unter Wasser stand und einem riesigen See glich, der die Neumark vom Lande Sternberg trennte. Schon Friedrich Wilhelm I. hatte erkannt, daß diese amphibische Landschaft trockengelegt werden könnte. Er setzte daher 1738 eine Kommission ein, die eine Eindeichung für durchführbar hielt. Die guten Erfahrungen, die in dem sogenann-

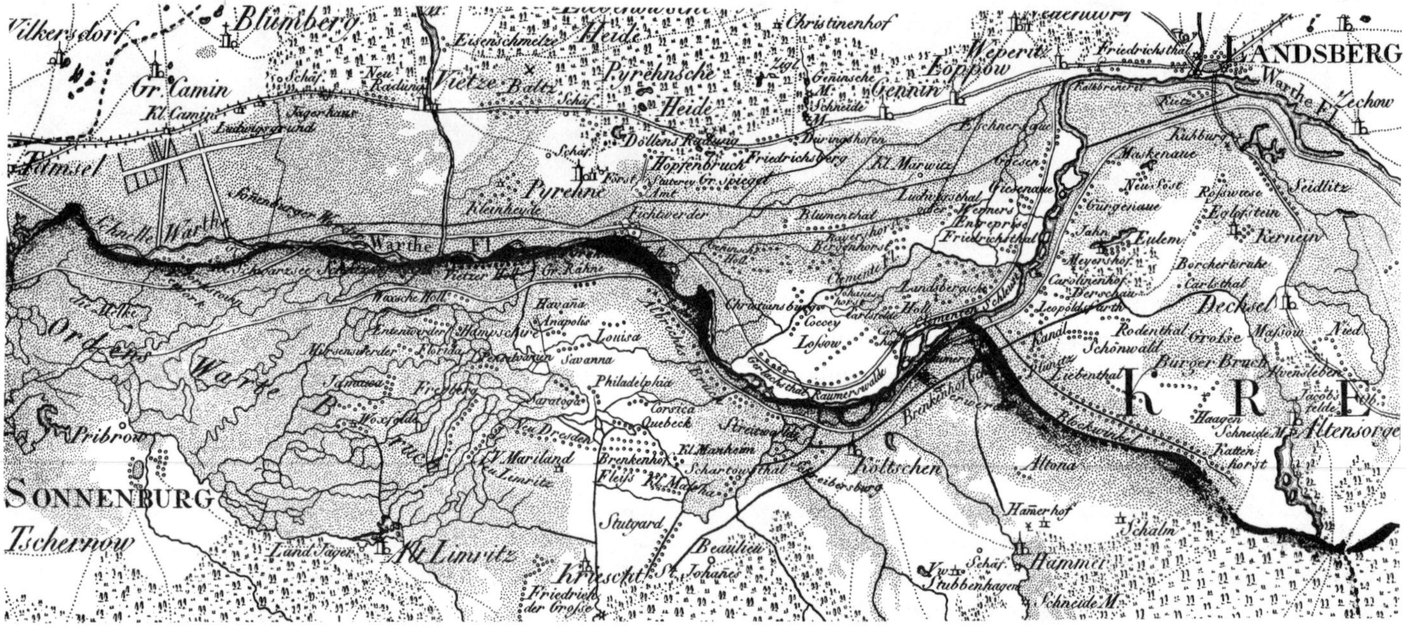

Das Warthebruch auf der Sotzmannschen Karte der Neumark (1807)

ten *Ordensbruch,* dem den Johannitern gehörenden Anteil im Kreis (Ost-) Sternberg, seit 1722 gemacht worden waren, ermutigten zu einer systematischen Kultivierung des gesamten Bruches.

Der Siebenjährige Krieg (1756–1763) hatte zwar einerseits die Ausführung dieses Unternehmens verhindert, aber durch die schweren Verwüstungen, von denen die Dörfer auf den Höhen der Neumark in seinem Gefolge betroffen waren, andererseits die Notwendigkeit des Beginns der Urbarmachung verdeutlicht. Friedrich der Große beauftragte mit diesem Werk *Franz Balthasar Schönberg von Brenkenhoff* (1723–1780). Dieser Mann hat sich fortan bis 1775 in der Neumark große Verdienste erworben. Anfang 1763 begann er seine Arbeit mit der Vermessung des Netzebruchs, das von 1763–1769 meliorisiert wurde, 1767–1774 erfolgte die Eindeichung des oberen, 1775–1785 des unteren Warthebruches. Angesetzt wurden im Rahmen der „Peuplierung" – so nannte man die Wiederbesiedlungsmaßnahmen in Preußen, die vorwiegend durch Anwerbung von „Ausländern" erfolgten, zumeist Bauern, Arbeiter und Handwerker (Wollspinner), die zwar aus nichtpreußischen Gebieten zuzogen, aber durchweg *Deutsche* waren.

In den Jahren bis 1774 wanderten in das Netze- und Warthebruch 11 429 Personen ein, darunter 7732 evangelische Glaubensflüchtlinge aus dem nahen Polen, 4 kamen aus Rußland, 1 074 aus Sachsen, 739 aus Mecklenburg und nur 277 aus der übrigen Mark. Bis 1785 fanden weitere 3 500 Menschen hier eine neue Heimat. Die Ortsnamen der neuen Siedlungen, die entweder an Personen des Siedlungswerkes erinnern (Brenkenhoff, Cocceji, Friedrich der Große) oder an die alte Heimat der Siedler, lassen sich auf der obigen Karte leicht ablesen. Im 19. und 20. Jahrhundert wurde das Meliorationswerk durch Anlage weiterer Dämme und Gräben fortgesetzt und vollendet. Etwa 450 qkm neues Land waren gesichert, kultiviert und besiedelt worden.

Übersichtskarte des Kreises Arnswalde

IN DER HINTEREN NEUMARK
DER KREIS ARNSWALDE

Zusammen mit dem südlich angrenzenden Kreis Friedeberg rechnete man das Arnswalder Land früher zu den sogenannten „Hinterkreisen" der Neumark, zu denen bis 1815 auch noch die an Pommern abgetretenen Kreise *Schivelbein* und *Dramburg* gehörten. Bis zu jenem Jahre griff der Arnswalder Kreis weiter nach Norden über Reetz hinaus bis nach *Nörenberg;* dieses Gebiet fiel damals ebenfalls an Pommern und wurde mit dem Kreis Saatzig vereinigt. Der derart verkleinerte Kreis bestand in seinem Umfang von 1 265 qkm unverändert bis 1945 und gehörte bis 1938 zur Mark Brandenburg, seither bis zum Zusammenbruch zu *Pommern* (Regierungsbezirk Grenzmark Posen-Westpreußen). Er zählte (1939) 45 410 Einwohner.

Das zwischen der oberen Ihna und der Drage bzw. dem Plötzenfließ liegende Gebiet weist uns schon in die *Pommersche Seenplatte* hinein, den landschaftlich vielleicht schönsten Teil des Raumes zwischen Oder, Weichsel, Ostsee und dem

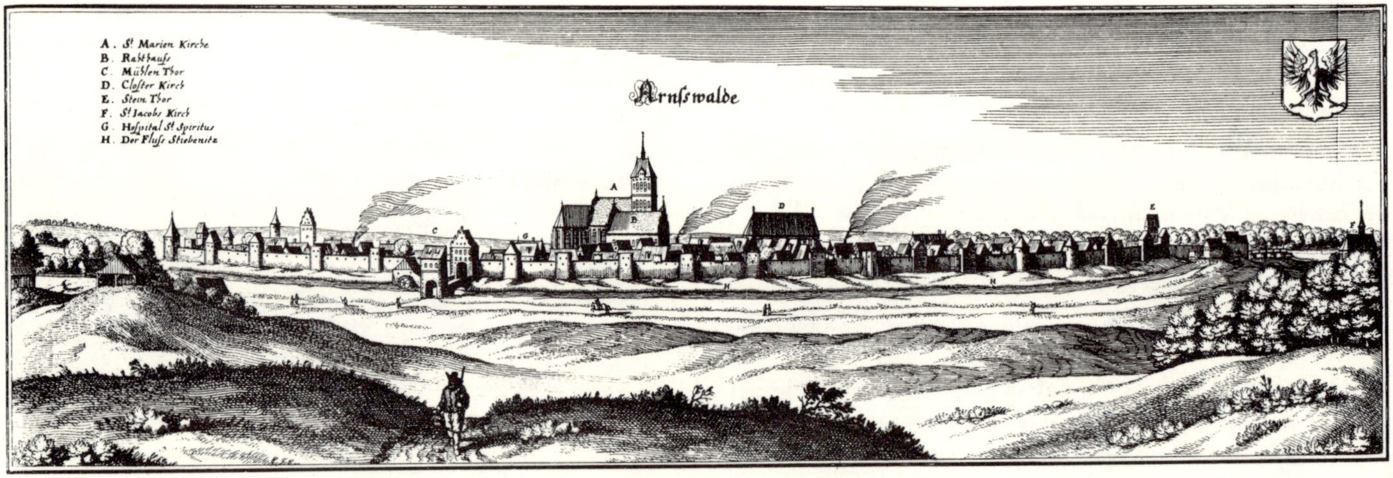

Arnswalde – Panorama-Ansicht von Merian (1652)

Warthe-Netze-Urstromtal. Riesige Wälder bedecken einen großen Teil des Kreises (38 v. H. der Fläche), vorwiegend auf den Sandern östlich des den Kreis in NO-SW-Richtung durchziehenden *Pommerschen Landrückens* zu beiden Seiten der *Drage*.

Dieser 165 km lange, unweit des Dratzigsees in der Pommerschen Seenplatte entspringende Fluß mit seiner relativ starken Strömung war zwar für die Schiffahrt nicht geeignet, trug aber viele Holzflöße zu Tal. Seit 1368 bildete er in seinem Mittel- und Unterlauf gegen das davor noch brandenburgische, darauf bis 1772 zu Polen gehörige Land Krone die Grenze. Bis zur Reformation stellte er auch die Scheidelinie zwischen dem pommerschen Bistum Cammin, zu dem die Neumark weitgehend gehörte, und der polnischen Diözese Posen dar und markierte damit die politischen Zustände, wie sie um 1200 bestanden haben mögen.

Wie die ganze hintere Neumark, ist auch der Kreis Arnswalde ein in der Geschichte oft umkämpftes Grenzland zwischen Pommern und Polen gewesen. Dieses hatte sich im 12. und zu Beginn des 13. Jahrhunderts wiederholt in die waldreichen Gebiete auf der Südabdachung des Pommerschen Landrückens vorgewagt; da es aber seine Eroberungen weder durch eine wirksame Besiedlung noch durch Christianisierungsversuche behaupten konnte, galt hier nur die Regel: Wer *sitzt, besitzt* auch. Erst im 13. Jahrhundert sollte sich dies ändern, als zu den beiden alten Rivalen, von denen der eine – Pommern – seit 1181 ein Teil des deutschen Staatsverbandes geworden war, eine dritte Macht auf den Plan trat: die uns bereits bekannten tatkräftigen Markgrafen *Brandenburgs* aus askanischem Hause.

Vorher hatte schon die *Kirche* im Lande zwischen Drage und Ihna durch größere Schenkungen Fuß gefaßt, die ihr von den polnischen Teilfürsten Großpolens gemacht wurden, da sie in der ersten Häfte des 13. Jahrhunderts wohl über diesen Raum geboten. 1233 erhielt das 1173 gegründete pommersche Zisterzienserkloster *Kolbatz* die Herrschaften Treben und Dobberphul, den *Johannitern* schenkte der Polenherzog das Gebiet um Kürtow. Diese geistlichen Mächte gingen daran, ihre Besitzungen auszubauen, zogen deutsche Bauern ins Land und legten so den Grundstein zur deutschen Besiedlung.

Das Jahr 1269 brachte die *Askanier* ins Arnswalder Gebiet: Sie hatten sich in den Streit eingeschaltet, der zwischen den Kolbatzer Mönchen und dem sie stützenden Pommernherzog einerseits und den Johannitern auf Kürtow andererseits ausgebrochen war. Sie nahmen den festen Platz *Arnswalde* in ihren Besitz und behaupteten ihn, ihren ersten Stützpunkt in der Hinteren Neumark. Mit den Johannitern und Nonnen von Owinsk einigten sie sich irgendwie, wie auch über die Abtretung von deren Besitzungen an die Markgrafen, so daß bald nach 1270 der Raum zwischen oberer Ihna und Drage in fester Hand der Markgrafen war.

Bald nach 1272 gründete der pommersche Herzog Barnim I. in *Reetz* ein Zisterziensernonnenkloster als Sühne für seine Übergriffe im Johanniterstreit. Auch die Askanier sahen sich zu einer Klostergründung veranlaßt: 1286 schenkten sie 500 Hufen an Kolbatzer Mönche, die nun bei *Marienwalde* ein Tochterkloster der pommerschen Abtei gründeten, das in der Folgezeit die meisten Dörfer im Süden des Arnswalder Kreises an sich brachte.

Noch eine dritte Kraft müssen wir nennen, wenn von der Besiedlung die Rede ist: die *Adelsgeschlechter*. Sie erhielten vom Landesherrn das Recht, Dörfer zu gründen und Bauern anzusetzen, die ihnen untertan waren, hatten andererseits aber die Pflicht zur Landesverteidigung. Zu diesem Zweck gestatteten ihnen die Markgrafen, an bestimmten Stellen feste Häuser anzulegen, *Burgen*, und an ganz besonders gefährdeten Punkten Anlagen zu errichten, mit denen das Land abzuriegeln, der Weg zu verschließen war – *Schlösser*. Oft knüpften diese Burgen an die Stätten pomoranischer Wallanlagen an, wie bei Zühlsdorf, wo die v. Güntersberg 1354 ein festes Haus erbauen durften oder bei Schwachenwalde, wo die v. Alvensleben 1370 Burg und Dorf besaßen.

Das bedeutendste dieser Geschlechter aber waren die *v. Wedel*, die, ursprünglich aus Holstein stammend, in Pommern eingewandert waren, wo sie wohl bei Altenwedel jenseits der Ihna ihre erste Stammburg erbaut hatten, aber mit Macht in die Neumark drängten und sich hier außerordentlich stark entfalteten. Um 1300 haben sie mit dem Bau ihrer eigentlichen Stammburg begonnen, *Neuwedell* an der Drage – ein Schloß, dem eine wichtige Sicherungsfunktion gegenüber Polen zugedacht war, ähnlich wie in Reetz, wo sie ab 1370 saßen. Im Südosten hatten sie die einstige Burg der Templer bei Hochzeit übernommen und bei Hassendorf schon 1337 Fuß gefaßt.

Es ist kein Zufall, daß sich an den drei strategisch wichtigsten Punkten, in Arnswalde, Reetz und Neuwedell, aber auch in Hochzeit *städtische* Siedlungen entwickelten. *Arnswalde* ist vermutlich die älteste Stadt im Kreis. Anfangs war es wohl nur ein fester Platz, als 1269 hier sogar Herzog Mestwin II.

Ansicht des Neuwedeller Schlosses von Merian (1652)

von Pommerellen den Askaniern huldigte. Erst nach dem Frieden mit Pommern 1284 wird hier die Stadtgründung erfolgt sein; jedenfalls ist 1289 Arnswalde als civitas bezeugt. Im 14. Jahrhundert bauten sich die Bürger eine Mauer um ihre Stadt, die 7 Vierecktürme und 36 Wiekhäuser erhielt; 3 Doppeltore lassen sich auf dem Merianstich ausmachen, von denen nur ein Rest des Steintores erhalten blieb.

Blütezeit und Niedergang erlebte Arnswalde genauso wie andere Städte Deutschlands, insbesondere in der kriegereichen Zeit des 17. Jahrhunderts. Von den 469 Häusern der Stadt im Jahre 1624 standen 1660 nur noch 96. Es brauchte fast 150 Jahre, um den alten Bebauungsstand wieder zu erreichen: 474 Häuser mit 2440 Einwohnern im Jahre 1801. Damit lassen sich auch ungefähr die Einwohnerzahlen des Mittelalters schätzen, da die Zahl der Häuser in der Innenstadt nicht beliebig vermehrbar war. Sie wird um 1400 höchstens 2000 Seelen betragen haben, 1939 waren es immerhin 13960.

In der Zeit der französischen Fremdherrschaft nach 1806 brachten es die Arnswalder fertig, einen französischen General, der sich auf der Durchreise in ihrer Stadt aufhielt, festzunehmen und nach Kolberg zu schaffen; später wurde dieser General *Victor* gegen den Generalleutnant *Blücher*, den späteren „Marschall Vorwärts", ausgetauscht.

Auch im Zweiten Weltkrieg zeigte sich der Heldenmut der Arnswalder: Am 18. 2. 1945, einem Sonntag, führte um 2.00 Uhr morgens der Arnswalder Superintendent *Gramlow* 7000 Arnswalder aus der von der Roten Armee seit 16 Tagen eingeschlossenen Stadt durch einen sogenannten Panzerschlauch, den deutsche Einheiten freigekämpft hatten. Ein wahrer Hirte, der sich seiner Herde annahm, in der schwersten Schicksalsstunde dieser Stadt. Was mag wohl in den Herzen dieser Menschen vorgegangen sein, als sie den Blick zurück auf ihre brennende Heimatstadt wandten? Arnswalde wurde in diesen Tagen zu 85 v. H. zerstört, die Narben der ehrwürdigen Marienkirche auf dem Markt zeugen davon.

Das Städtchen *Reetz* entstand in der Nähe einer 1269 erstmals bezeugten Burg, die aber bereits 1296 verfallen war; hier war schon 1284 ein Zisterziensernonnenkloster gegründet worden. Welch zähes Leben manchmal Relikte der Vergangenheit haben können, zeigt der Reetzer *Kietz*, d. h. die Burgsiedlung: Sie bestand noch bis 1938 als selbständige Gemeinde neben der Stadt und bewahrte damit auch kommunalrechtlich einen Rest der Vorgängerin der Stadt.

Das erstmals 1296 als Stadt bezeugte Reetz war jahrhundertelang eine Mediatstadt der Familie von Wedel, die in beherrschender Lage auf einem Rücken im Ihnatal die Grenze zu Pommern sicherte. Hier stand die Wiege des Verfassers der pommerschen Kirchenchronik, *Daniel Cramer* (1568–1637). Der letzte Krieg hat Reetz hart mitgenommen, große Teile des Zentrums gingen in Flammen auf, so daß nur die massiven Steinbauten aus alter Zeit einigermaßen das Inferno überstanden. 1939 bot das Städtchen 3648 Menschen ein Zuhause.

Von *Neuwedell* (1939: 2711 Einwohner) und seinem Schloß hörten wir schon; seiner großen Bedeutung wegen und weil es im Siebenjährigen Krieg fast völlig zerstört wurde, sei der beeindruckende Bau aus Merians Ansicht hier wiedergegeben. Seine geschichtliche Aufgabe war es, die Ostgrenze der Neumark, die Dragelinie, zu sichern, ebenso wie der andere alte Paßort an diesem Fluß: *Hochzeit*.

Dieses stille Dorf liegt an einem wichtigen Übergang über die Drage, der in alter Zeit als Markgrafenweg die Verbindung vom Reich ins Preußenland darstellte und bis 1945 als Reichsstraße 1 die längste deutsche Fernstraße war. Schon 1273 trafen sich hier die brandenburgischen Markgrafen mit dem schon erwähnten Mestwin von Pommerellen, der hier die Landschaften Schlawe und Stolp von ihnen zu Lehen nahm. 1337 ist es als Städtchen bezeugt. Seit 1350 saßen hier die v. Wedel, die nach 1368, als Markgraf Otto der Faule das seit 1297 erworbene Land Krone wieder an Polen abtrat, Wacht an der Grenze zu halten hatten.

AUF VORGESCHOBENEM POSTEN
DER KREIS FRIEDEBERG

Das war er wirklich, in langen Jahrhunderten ein *Außenposten* der Neumark, der im Osten durch die Drage von Polen geschieden und im Süden in den weiten Wäldern des Warthe-Netze-Zwischenstromlandes von polnischem Gebiet um Schwerin getrennt war. Von 1368–1793 war dies der „Polnische Winkel" – wegen seiner exponierten Lage nach Polen zu so genannt, obwohl die Bevölkerung sogar noch jenseits der Grenze *deutsch* war. In langen Jahrhunderten ist das Friedeberger Land Grenzland gewesen, ein oft hart umkämpftes dazu – und doch war es immer auch ein *Durchgangsland.* Es spielte damit eine Rolle, die ihm nicht zuletzt durch die klare *naturräumliche Dreiteilung* vorgezeichnet ist.

Da ist zuerst die weiträumige *Moränenhochfläche* im Norden des Kreises. Sie stellt einen Ausschnitt aus der Südabdachung des Pommerschen Landrückens dar und ist von zahlreichen kleineren Fließen zerteilt, die sich den Weg nach Süden zur Netze hin gebahnt haben, z. T. sich tief in den südlichen Steilrand einsägend. Im Norden haben sie mehr den Charakter kleinerer Rinnen, die mehrfach von flachen weitbuchtigen Seen ausgefüllt sind, wie etwa der Hermsdorfer oder der Lieb-See.

Der westliche Teil der Hochfläche eignete sich wegen seiner Geschiebemergelböden schon früh zur Besiedlung: Hier liegen auch die alten Kirchdörfer mit ihren aus dem 13. Jahrhundert stammenden *Granitquaderkirchen* – Wugarten, Mansfelde, Braunsfelde, Lichtenow, Falkenstein, Breitenstein und andere wurden schon von den ersten deutschen Siedlern angelegt, die ebenso wie in Hermsdorf, Lauchstädt, Wolgast, Mehrenthin und Rohrsdorf im 13. Jahrhundert hierher kamen. In der zweiten Hälfte jenes Jahrhunderts wurden hier auch zwei städtische Mittelpunkte als Marktorte dieser ländlichen Siedlungsräume gegründet: Friedeberg und Woldenberg. Nur der östliche Teil der Hochfläche zwischen

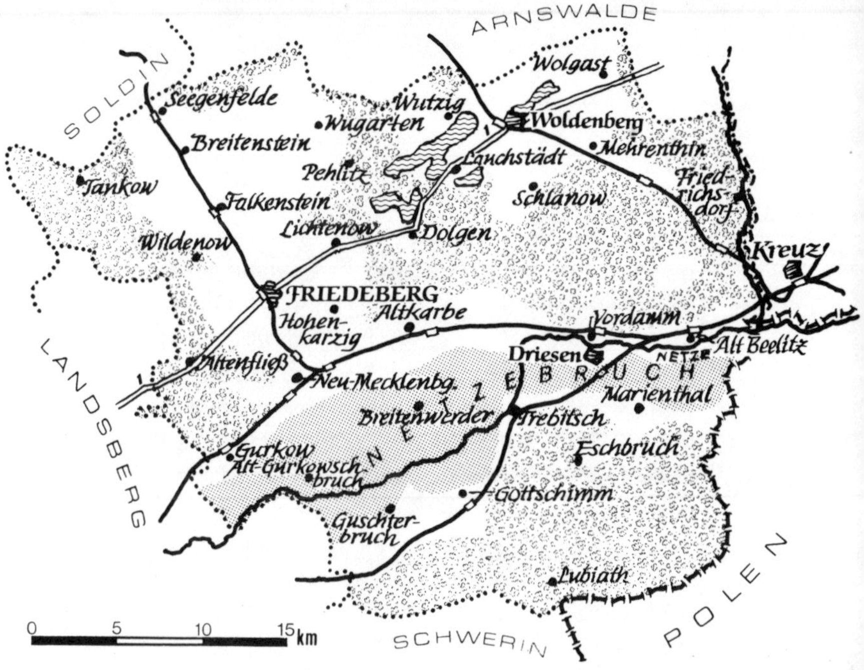

Übersichtskarte des Kreises Friedeberg/Nm.

Mehrenthiner Fließ und Netzebruch, etwa jenseits der Linie Lichtenow-Altkarbe, wurde wegen seines vorwiegend sandigen Charakters nicht aufgesiedelt: Der Wald blieb hier bis in die Gegenwart erhalten (Staatsforsten Steinspring und Driesen). Zusammen mit den am südlichen, zum Netzebruch steil abfallenden Rand der Hochfläche gelegenen einstigen Fischerdörfern wie Gurkow, Altkarbe und Alt Beelitz, zu denen im 17. Jahrhundert noch einige weitere hinzukamen, stellt dieser Raum das *Altsiedelland* des Kreises dar.

Die Kreisstadt *Friedeberg* ist der Mittelpunkt des westlichen Teiles der neumärkischen Moränenhochfläche im Kreise. Nachdem Markgraf Konrad 1260 bei seiner Heirat mit einer polnischen Prinzessin die Kastellanei Zantoch als Hochzeitsgabe erhalten hatte, legte er in diesem Raum am Übergang der schon im vorigen Kapitel erwähnten alten Straße, des späteren „Markgrafenweges", über eine Senke zwischen zwei Seen in geschützter Lage eine Burg an. Bei einem Einfall der Polen wurde sie 1272 zerstört, aber sofort wieder aufgebaut und durch eine Stadtgründung ergänzt, die in der Form ihrer Durchführung aus dem Bilderbuch stammen könnte.

Wie Soldin bietet auch Friedeberg das *Idealschema* einer ostdeutschen Stadtanlage mit kreisrunder Stadtmauer und Schachbrettgrundriß, auch hier bildet die Durchgangsstraße (der Markgrafenweg) die Achse – die Richtstraße. Wie die Namen der Dörfer aus der Umgebung zeigen, kamen die Siedler wohl aus dem östlichen Harzvorland und von der unteren Saale, vielleicht gab das Geschlecht der im Saalkreis ansässigen v. Friedeberg der Stadt ihren Namen.
Brechen wir damit ab. Die Geschichte der Städte in der Neumark trägt viele ähnliche Züge: Krieg und Not, Wiederaufbau und preußische Landesfürsorge haben auch Friedeberg erreicht. Zuletzt zählte das rege Kleinstädtchen 5918 Einwohner, als die letzten Tage vor dem Ende kamen.
Da ist noch *Woldenberg,* einst Waldinborg geheißen und schon 1305 als Stadt bezeugt. 1847 erhielt es zusammen mit Arnswalde über die Stargard–Posener Bahn als erste Stadt Eisenbahnanschluß in der Neumark. Da sage noch einer, die lebten hier hinter dem Mond! Hamburg ist mit Berlin auch erst 1846 verbunden worden und Bremen mit Hannover 1847! Vor dem Kriege lebten hier 5334 Einwohner, die als Handwerker und Ackerbürger ihr Auskommen fanden, und das wohl nicht schlecht, denn von den drei Städten im Kreis ist Woldenberg nach 1800 am stärksten gewachsen – verhältnismäßig, versteht sich.
Verlassen wir die Hochfläche und steigen wir ins Tal hinab, ins *Netzebruch.* Es ist die zweite große Landschaftseinheit des Kreises, ein Teil des großen Thorn-Eberswalder Urstromtales, das wir schon bei Landsberg kennengelernt haben. In ihm liegt die Paßstadt *Driesen,* einer der historisch interessantesten Orte der Neumark, die wir etwas genauer kennenlernen wollen. Will man jedoch die Geschichte dieser Stadt verstehen, muß man ihre *geographische Lage* erfassen: Bei Driesen reicht von Süden her die dritte Landschaftseinheit, das große Talsandgebiet zwischen unterer Netze und Warthe, weit ins Netzebruch hinein und bildet gewissermaßen einen flachen Sporn, der zusammen mit dem Schwemmfächer von Vordamm eine natürliche, verhältnismäßig *trokkene Schwelle* darstellt.
Die derart von der Natur vorgegebene Situation einer natürlichen *Furt* durch das Netzebruch wurde schon in ur- und frühgeschichtlicher Zeit vom Menschen genutzt: Wir haben es hier mit einem der wenigen alten *Netzeübergänge* zu tun, der bereits zu Beginn der geschichtlichen Zeit dieses Raumes, d. h. im 11. Jahrhundert, heftig umkämpft war, denn damals bildete diese weithin ungangbare Sumpfwildnis den Grenzsaum zwischen den Polen und Pomoranen.
So ist es denn auch nicht verwunderlich, daß uns Driesen bereits früh in der Geschichte begegnet: Schon 1092 wird hier ein castrum *Drzn* erwähnt, das wohl von den Polen bei den Kämpfen gegen die Pomoranen angelegt worden ist. Es sicherte den alten von Meseritz kommenden Weg und dessen Übergang über die Netze. 1251 sehen wir Driesen im Besitz des pommerschen Herzogs Barnim I., es fällt jedoch schon 1260 mit der Kastellanei Zantoch an Brandenburg. Damit beginnt die märkische Zeit dieses Ortes, die – mit einigen Unterbrechungen – bis 1938 andauern sollte.
Die Unterbrechungen werden durch mehrfache Versuche Polens markiert, Driesen zurückzuerobern (so 1272–1296, 1309–1312, 1366–1372). Die Burg lag nördlich der Altstadt auf einer Anhöhe südlich der Faulen Netze. Zugeordnet war ihr der *Kietz,* eine Siedlung, in der slawische Fischer angesetzt wurden, die auf der *Burg* auch Dienste zu verrichten hatten. Dieser Kietz, unweit des Wassers gelegen und aus einer einzigen, beidseitig mit kleinen Giebelhäusern bebauten Straße bestehend, ist der östlichste seiner Art in der Mark Brandenburg, in der dieser Siedlungstyp im 12.–13. Jahrhundert weite Verbreitung erlangte. Die Burg mit dem zugehörigen Freigut (dem späteren kurfürstlichen Amt) und dem Kietz führten in der Folgezeit ein zähes kommunales Eigenleben, denn erst 1894 wurden sie nach Driesen eingemeindet. Doch die Erfahrung, wie gefährdet dieser Winkel gegen Poleneinfälle (die polnische Grenze lag nur etwa 8 bzw. 15

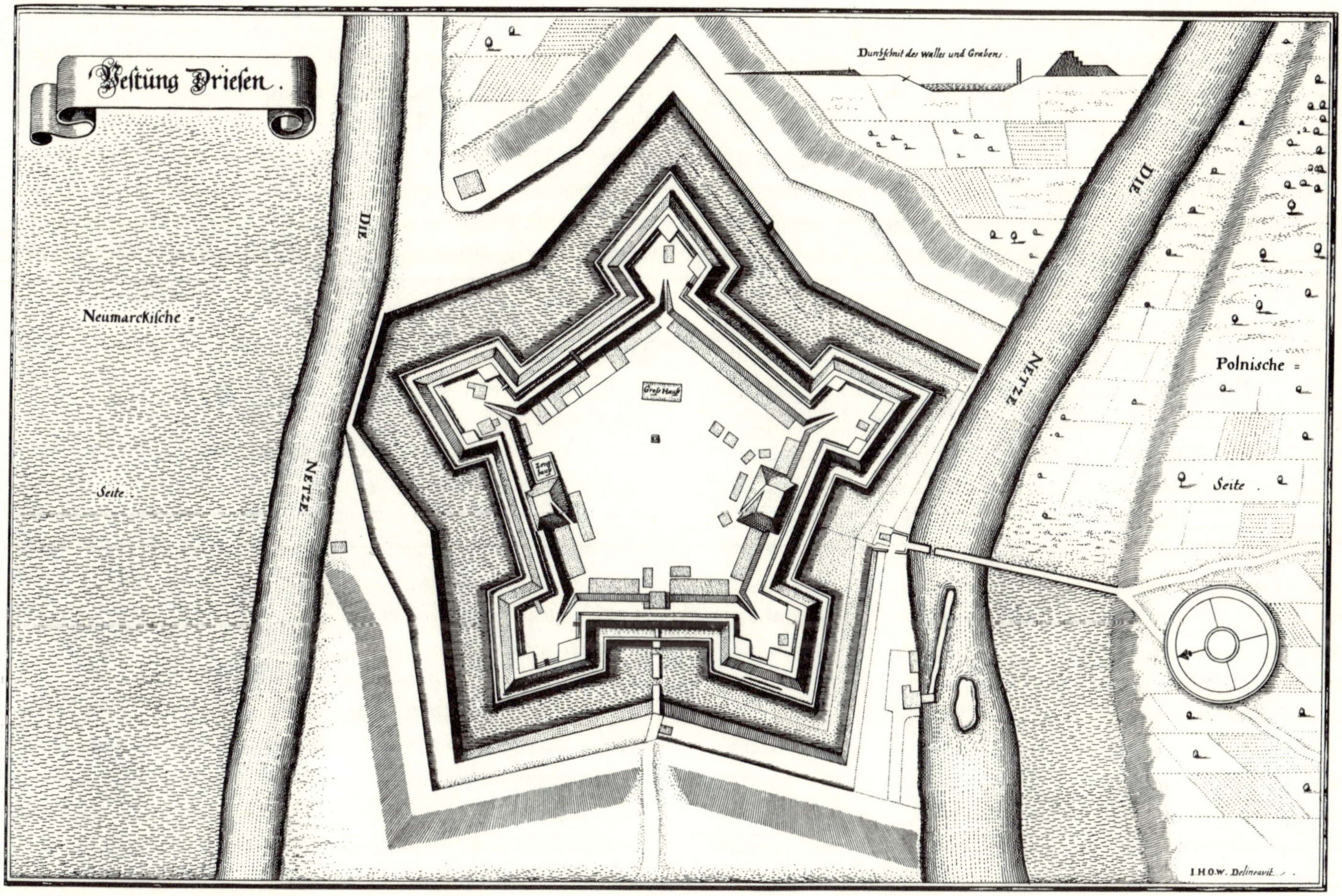

Plan der Festung Driesen von Merian (1652)

km östlich und südlich entfernt) war, veranlaßte die brandenburgischen Markgrafen bald nach der Rückeroberung der Burg (1296) zu Beginn des 14. Jahrhunderts, bei diesem vorgeschobenen Posten eine *Stadt* anzulegen. Wann sie Stadtrecht erhielt, ist nicht überliefert, es wird wohl noch vor 1309 gewesen sein, denn schon 1317 wird sie erwähnt, als „Haus und Stadt" den Rittern v. d. Osten zum Lehen gegeben wurden.

Die Altstadt war nicht durch Mauern gesichert, da die Insellage zwischen Alter und Fauler Netze genügend Schutz

bot; lediglich drei Tore kontrollierten den Zugang: das Deutsche, das Polnische und das Holm-Tor.
Die dritte Siedlungszelle der Stadt ist die von Kurfürst Joachim Friedrich 1602/1603 auf der Gruse östlich der Stadt angelegte *Festung*. Sie löste die alte, schon weitgehend zerstörte und nicht mehr verwendbare Burg ab und wurde den damaligen festungsbautechnischen Erfordernissen gemäß als regelmäßiger fünfzackiger, von Bastionen bewehrter Stern angelegt, den man mit einem breiten Wassergraben umgab.
Zu jener Zeit kamen auch die ersten Kolonisten ins Land, um die weite Wald- und Sumpfwildnis, die Driesen noch immer umgab, urbar zu machen. Sie ließen sich auf dem nördlichen trockenen Rand des Urstromtales und auf der Höhe nieder: Die Dörfer *Mühlendorf*, *Schöneberg* und *Vordamm* entstanden damals. Rodend und pflügend arbeiteten sie sich in die „Königliche Schlanow und Driesensche Heide“ hinein, doch der sandige Boden bot nur wenig Nahrung. So spielten schon früh Handwerk und Gewerbe in diesen Orten eine Rolle, zumal gute Tonvorkommen bei Vordamm die Entstehung einer umfangreichen keramischen Industrie begünstigten.
Im Zuge des friderizianischen Retablissements in der Mitte des 18. Jahrhunderts wurden auch in der Umgebung von Driesen im Netzebruch auf landesherrlichem und auf städtischem Grund zahlreiche neue Dörfer angelegt: *Neu Mecklenburg*, *Neu Ulm* und *Neu Anspach*, die Namen der Orte weisen vielfach auf die Herkunft der Neusiedler hin, die nicht nur hier vielfach aus dem durch Realteilung beengten süddeutschen Raum zuwanderten. Brenckenhoff war wie im Warthebruch auch hier der geniale ausführende Kopf dieses großen Kolonisationswerkes, er legte in Driesen zwischen Altstadt und Festung die *Neustadt* an, in regelmäßiger Gitterform mit einem großen Marktplatz in der Mitte.
Die Driesener lebten in jener Zeit vom Tuchhandel, und das nicht schlecht; doch als im 19. Jahrhundert der russische Absatzmarkt verlorenging, mußten sie neue Erwerbszweige entwickeln: Eisengießerei, Steingut- und Zündholzfabriken, Sägewerke und reger Holzhandel boten einen bescheidenen Wohlstand, besonders nachdem 1857 am nördlichen Rand des Netzebruchs die Ostbahn erbaut worden war.
Die Einwohnerzahl Driesens stieg daraufhin bis 1905 auf 6359 Seelen an, um nach dem Ersten Weltkrieg, als die Grenzziehung die Stadt um ihre Absatzgebiete in der früheren Provinz Posen brachte, auf 5674 (1939) zurückzufallen. Dafür entwickelte sich das an der Ostbahn liegende Vordamm (1939: 1918 Einwohner) immer mehr zum Industrie- und Bahnhofsvorort Driesens.
Driesen ist ein Musterbeispiel für die landesherrliche Fürsorge, die einem entlegenen, aber wichtigen Winkel zugemessen wurde.
Von der dritten Landschaftseinheit im Kreis war schon kurz die Rede: Es ist das große *Talsandgebiet* zwischen Netze und Warthe, in dem in der unmittelbaren Nacheiszeit, als die Landschaft noch weitgehend vegetationslos war, große Sandmengen zu *Binnendünen* aufgeweht wurden. Sie verlaufen zumeist in nordsüdlicher Richtung, hin und wieder sind in die Talungen dazwischen kleine Seen eingestreut. Es ist eine seit 200 Jahren planmäßig aufgeforstete Waldlandschaft, eine der typischen östlichen Kiefernheiden. Die Dörfer am Nordrand hatten ein schweres Auskommen, der Grund ist oft morastig und schlecht, der Name *Modderwiese* spricht eine beredte Sprache.
So haben wir das Friedeberger Land durchzogen und sind an die äußersten Grenzen der Neumark gelangt, die hier seit 1938 schon zu *Pommern* gehörte: Der 1102 qkm große Kreis mit seinen 52499 (1939) Einwohnern wurde im Zuge der Auflösung der Grenzmark Posen-Westpreußen in jenem Jahre zu unserer nördlichen Nachbarprovinz geschlagen, sehr gegen den Willen seiner Bewohner, die sich als *Neumärker* fühlten und es auch bleiben wollten. Darum haben wir den Friedebergern und Arnswaldern hier den ihnen gebührenden Platz eingeräumt.

BRÜCKENSTADT
FRANKFURT AN DER ODER

Eigentlich gehört sie gar nicht in dieses Buch, oder doch nur halb, wenn man es wörtlich nimmt: *Ost*brandenburg. Der Hauptteil dieser Stadt, der Kern, liegt *westlich* der Oder. Doch gebietet es die Achtung vor der Geschichte, die alte Handelsstadt hier gebührend zu berücksichtigen, war sie in langen Jahrhunderten Brückenkopf auf dem Wege zur Neumark und nach Schlesien, Bindeglied zwischen der Mittel- und der Neumark.

Mit der Gründung der Stadt 1253 (die Siedlung um St. Nikolai entstand schon 1226) hat sie bald die Rolle als Mittelpunkt des alten *Landes Lebus* angenommen, des Gebietes im mittleren Oderraum, von dem wir im nächsten Kapitel noch Näheres erfahren werden. Zwar beschränkte sich diese Stellung anfangs nur auf den wirtschaftlichen Bereich, denn Frankfurt entwickelte sich im 14. und 15. Jahrhundert zu einer *blühenden Handelsstadt,* die als wichtige Hafenstadt an der schiffbaren Oder gute Beziehungen zu den Hansestädten an der pommerschen Küste pflegte, aber auch weitreichende Beziehungen bis nach Schlesien und Krakau unterhielt.

Sichtbarer Ausdruck dieser Blütezeit sind die zahlreichen *historischen Bauten* geblieben, die Frankfurt selbst heute nach den starken Zerstörungen am Ende des Zweiten Weltkrieges noch unter den Städten der Mark Brandenburg einen hervorragenden Platz einräumen. Da ist die mächtige, in ihrer Baugeschichte eigenwillige *Marienkirche,* die einzige mit fünf Schiffen in der Mark, da sind die zweitürmige *Nikolai-* und die *Franziskaner-Klosterkirche,* da gab es bis 1945 noch so manches vornehme Bürgerhaus, aber vor allem ist es das prachtvolle spätgotische *Rathaus* mit seinen imposanten Ziergiebeln und den gewaltigen Fensterrosen. Stolzer Bürgersinn hat sich hier ein eindrucksvolles Denkmal geschaffen, anderen Städten in der Mark gleich, man denke nur an Tangermünde, Brandenburg/Havel, Bernau, Prenzlau. Frankfurt zeigt sich damit auch in künstlerischer Hinsicht als *Bindeglied* zwischen den städtebaulich weitentwickelten Städten der Alt- und Mittelmark und denen der etwas später aufblühenden Neumark, in die die Oderstadt kulturell stark ausstrahlte.

Von dem allgemeinen wirtschaftlichen Niedergang der Hanse im ausgehenden 15. Jahrhundert, ja der norddeutschen Städte überhaupt, wurde auch Frankfurt erfaßt, doch hatte die Stadt das Glück, im Jahre 1506 durch Kurfürst Joachim I. die erste *Universität* des brandenburgischen Kurstaates zu erhalten. Die *Viadrina,* wie diese Hochschule genannt wurde, hat in den folgenden drei Jahrhunderten auf das geistige Leben der Mark einen großen Einfluß ausgeübt, der gar nicht zu unterschätzen ist. Ihre Verlegung nach Breslau im Jahre 1811 war daher für die Stadt ein schwerer Schlag, von dem sie sich nur mühsam erholt hat.

St. Marien zu Frankfurt/Oder

Ein gewisser Ersatz war für Frankfurt, das nie Verwaltungssitz und Behördenstadt gewesen war, die neue Rolle als *Regierungsstadt:* 1813 wurde die neumärkische Regierung aus dem belagerten Küstrin herverlegt und blieb hier auch nach 1815, als in der Mark Brandenburg der neue *Regierungsbezirk Frankfurt/Oder* eingerichtet wurde, der neben der Neumark auch die bisher sächsische Niederlausitz aufnahm.
Die Stadt wurde nun zu einer typischen *Beamten- und Garnisonsstadt,* zu der ab 1845 noch die Rolle als bedeutender *Eisenbahnknotenpunkt* hinzutrat.
Nach dem Ersten Weltkrieg und dem dadurch bedingten Verlust großer Teile Westpreußens und der Provinz Posen nahm Frankfurt weitere Behörden auf. So entstand hier die *Reichsbahndirektion Osten,* die die beim Reich verbliebenen Strecken der früheren Direktionen Bromberg und Posen zusammenfaßte. Frankfurt verstand sich zunehmend als *Hauptstadt der Mittleren Ostmark* – wie es Werbeschriften aus jener Zeit deutlich machen.
Dieser Zuwachs an Bedeutung schlug sich auch im Wachstum der Bevölkerung nieder. Wurden 1825 nur 19617 Seelen

Portal der Alten Universität in Frankfurt/Oder

gezählt, war ihre Zahl bis 1900 schon auf 61852 angewachsen, 1939 betrug sie sogar 83669 Personen. Nach Potsdam und Brandenburg hatte sich Frankfurt zur drittgrößten Stadt der Mark entwickelt (Berlin ausgenommen) – mit einem weiten Hinterland, das den größten Teil Ostbrandenburgs umfaßte.
Der Ausgang des Zweiten Weltkrieges wurde für die aufstrebende, blühende Stadt zu einer Katastrophe: Eine fast völlige *Zerstörung* durch Bombenangriffe und Brandstiftungen, die Teilung der Stadt durch eine unbarmherzig gezogene Grenze sowie die vollständige *Vertreibung* der rund 25000 Einwohner aus der östlich der Oder gelegenen *Dammvorstadt,* die alle im zerstörten Westteil aufgenommen werden sollten, und ein *radikaler Strukturwandel* brachten die Stadt an den Rand des Ruins.
Die 1945 aufgelöste Bezirksregierung fand in der 1952 installierten Bezirksverwaltung eine Art Nachfolger als Verwaltung der Mittelinstanz, wenngleich der neue Bezirk viel kleiner ist. Das Stadtzentrum wurde allmählich wieder aufgebaut, allerdings in nüchtern-moderner und weitläufiger Form, die erst zum Teil restaurierten historischen Bauwerke stehen wie Inseln in dieser so veränderten Stadt. Die Marienkirche wartet noch auf ihre Wiederherstellung.
Heute bestimmt die *Industrie* das Wirtschaftsleben Frankfurts. Die Einwohnerzahl nähert sich schnell der früheren Gesamtzahl: 1946: 51577, 1971: 62433 und jetzt 83000; im Ostteil, das die Polen unter dem Namen *Słubice* mehr schlecht als recht aufbauten, leben jetzt 15300 Menschen.
Das Beherrschende in dieser Stadt ist heute die *Grenze* an der Oder, ihre *trennende Rolle* ist überall spürbar, darüber kann auch nicht die euphemistische Bezeichnung „Friedensgrenze" hinwegtäuschen. Der Verkehr über die drei Grenzübergänge („Brücke der Freundschaft" im Stadtzentrum, Autobahn bei Schwetig und Eisenbahn) ist mäßig und nach den Jahren des „Kleinen Grenzverkehrs", der ein Zuviel an wirtschaftlichem „Austausch" brachte, zwischen der Bevölkerung der DDR und Polens weitgehend unterbunden.

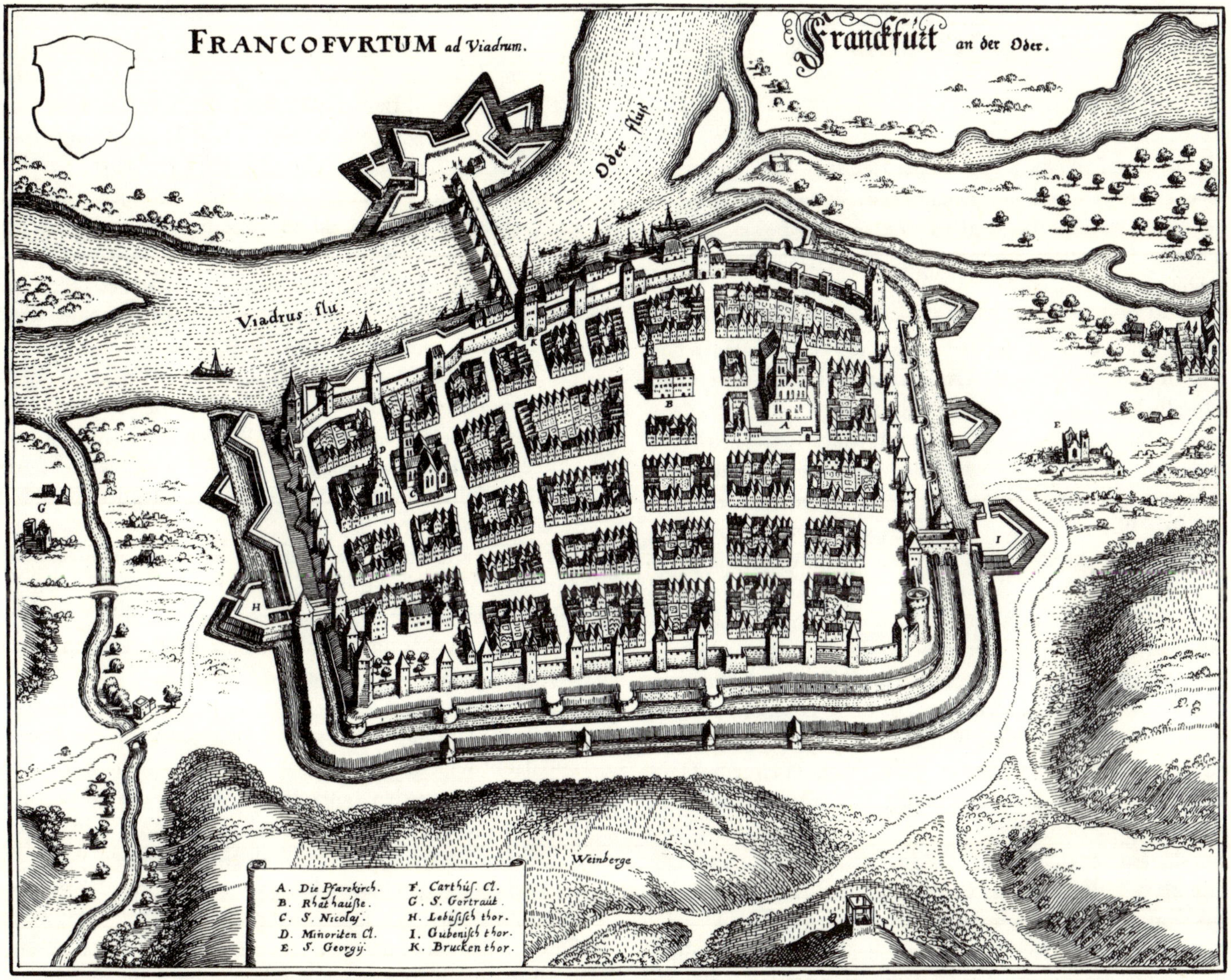

Frankfurt/Oder – Vogelschau-Ansicht von Merian (1652)

VOM LAND LEBUS ZUM STERNBERGER LAND

„Zum Schnellzug nach Posen über Reppen – Neu Bentschen bitte einsteigen und Türen schließen! Vorsicht bei Abfahrt des Zuges!“ Ratternd setzt sich der Zug in Bewegung, die schwere Dampflokomotive faucht und versucht Fahrt zu gewinnen. Bald nachdem der Zug den Frankfurter Hauptbahnhof verlassen hat, biegt er in eine Linkskurve ein, die direkt auf die Oder zuführt; da ist der Strom auch schon erreicht: Mit mächtigem Donnern rast der in voller Fahrt befindliche Zug über die Stahlgitterbrücke, um sich dann nach rechts zu wenden. Vorbei am Frankfurter Fliegerhorst, bald ist die Reichsstraße 5 nach Breslau überquert, und schon geht es in rasendem Tempo auf schnurgerader Strecke weiter. Ein Bahnhofsschild fliegt vorbei – Kunersdorf – „ach ja, die Schlacht!“ denkt so mancher. Nach 18 Minuten quietschen bereits die Bremsen: „Reppen, Reppen. Sie haben Anschluß an einen Personenzug nach Breslau über Rothenburg/Oder – Grünberg – Glogau, planmäßige Abfahrt 12.59 Uhr auf Bahnsteig 1.“ Wieder setzt sich der Zug in Bewegung. Bottschow wird durchfahren, Sternberg, ein kleines Städtchen, Leichholz, Topper, Wutschdorf, Möstchen, Wilkau – Stationen, die keiner kennt. Schließlich noch ein Halt, Schwiebus, noch zwei Bahnhöfe, und der Zug hält im Bahnhof Neu Bentschen.

So oder ähnlich mag es um 1939 gewesen sein, wenn man von Frankfurt/Oder nach Osten fuhr. Weit schweifte der Blick aus dem Abteilfenster, anfangs satte Wiesen in der Oderniederung, abgelöst von fruchtbaren Feldern und schließlich Wald und nochmals Wald. Blau schimmerten bald die Höhen, die sich auf der linken Seite in nördlicher Richtung bis zum fernen Horizont erstreckten, hin und wieder blinkte ein See heran.

Es ist das *Sternberger Land*, das wir durchfuhren, eine stille und nur wenig bekannte Landschaft zwischen der mittleren Oder und der Grenzmark, der Warthe im Norden und Pleiske im Süden. In den Namen zweier Kreise – West- und Oststernberg – war, wie vielfach in der Mittelmark, östlich der Oder ein Landschaftsname lebendig geblieben, der von einer bewegten, weit zurückreichenden Geschichte kündet.

Fast ein halbes Jahrtausend hin- und herwogenden Geschehens war vergangen, als 1364 die östliche Grenze des brandenburgischen „Territoriums Sterneberg“, wie es 1375 erstmals genannt wurde, festgelegt wurde – vorher erschien diese Landschaft unter dem Namen *Land Lebus.*

In frühgeschichtlicher Zeit, d.h. im 8.–11. Jahrhundert, lebten hier die den Elbslawen zuzurechnenden *Leubuzzi.* Sie waren wohl ein Teilstamm der Wilzen oder Lutizen und hatten ihren Hauptort in *Lebus,* nördlich des späteren Frankfurt, der vielleicht dem 823 genannten Wilzenfürsten Liubus seinen Namen verdankt.

Mit der Errichtung der Marken und dem Aufbau einer Kirchenorganisation durch Kaiser Otto den Großen im 10. Jahrhundert wurde das Land Lebus zur Kontaktzone zwischen dem Reich und dem damals entstehenden und sich kräftig ausdehnenden jungen polnischen Staat.

Der Sieg Markgraf Geros über den ersten Polenherzog, Mieszko I., im Jahre 963 brachte dessen Land bis zur Warthe und damit auch das Land Lebus unter deutsche Tributhoheit. In den ersten beiden Jahrzehnten war es Schauplatz vieler Kämpfe zwischen Polen, den Lutizen und dem Reich, zugleich aber ein wichtiges Bindeglied zwischen Pommern und Schlesien, den beiden kurz vor dem Jahre 1000 von den Polen eroberten Grenzprovinzen.

Doch der polnische Staat verfiel nach dem Tode Boleslaws des Tapferen 1025, und das Land Lebus sank für ein Jahrhundert ins Dunkel der Geschichte zurück. Erst mit dem Angriff Boleslaws III. (Schiefmund) von Polen gegen die wieder abgefallenen und noch heidnischen Pommern gewann das

Land Lebus erneut Bedeutung: 1124/1125 wurde im Ort Lebus ein *Bistum* gegründet, welches das von Otto von Bamberg in Pommern begonnene Werk der Christianisierung unterstützen sollte. Es umfaßte das ganze gleichnamige Land, d. h. das Gebiet zwischen Spree und Oderbruch, das Land Küstrin nördlich der Warthe sowie das spätere Land Sternberg (ohne einen schmalen Grenzstreifen im Osten).

Das Bistum blieb klein, es war anfangs dem Erzbischof von Gnesen unterstellt, seit 1424 gehörte es zur Magdeburger Kirchenprovinz, 1571 wurde es im Zuge der Reformation aufgelöst. Der Bischof hatte in späterer Zeit seinen Sitz nach Fürstenwalde an der Spree verlegt.

Im ausgehenden 12. und beginnenden 13. Jahrhundert sehen wir das häufig umkämpfte Land zumeist im Besitze des schlesischen Teilfürstentums der Piasten; um 1230 ist Herzog Heinrich I., der Bärtige, von Schlesien Herr im Lande Lebus und führt mit Hilfe schlesischer Zisterzienser aus Lebus und Trebnitz, der Augustiner aus Naumburg am Bober und des Templerordens ein Siedlungswerk durch, in dem er zahlreiche Dörfer und Städte nach deutschem Recht gründet.

Nach dem Tode seines Sohnes Heinrich II. auf der Wahlstatt von Liegnitz (1241) setzte der Kampf um dieses Land wieder ein. Dabei tat sich der Erzbischof Wilbrand von *Magdeburg* hervor, der ältere Rechte aus dem Jahre 1110 geltend machte. Er gewann 1249 die Hälfte von Burg und Land Lebus, die andere Hälfte erwarben bald darauf die brandenburgischen Markgrafen aus dem Hause der *Askanier,* die in schneller Folge nur wenige Jahrzehnte zuvor die Havellinie überschritten, den Pommern die Landschaften Barnim und Teltow abgenommen und somit die Oderlinie erreicht hatten. Bereits 1252 hatten sie das Übergewicht im Lande Lebus errungen und konnten nun im Kampfe gegen Großpolen und Pommern auch die „Mark über Oder", die Neumark, gewinnen, wie wir schon gesehen haben. Mit der Verpfändung des magdeburgischen Anteils am Lande Lebus 1287 an die Askanier hatten sich die ehrgeizigen Markgrafen endgültig die Herrschaft zwischen Oder und Warthe gesichert. 700 Jahre sollte es fortan ununterbrochen als „Land Sternberg" zu *Brandenburg* gehören – der alte Name verblieb nur dem westlich der Oder gelegenen Teil und bildete dort bis 1945 einen Kreis im Regierungsbezirk Frankfurt. Wie es künftig dem Sternberger Land erging, mögen die folgenden Seiten zeigen.

Die Steile Wand an der Oder bei Frankfurt

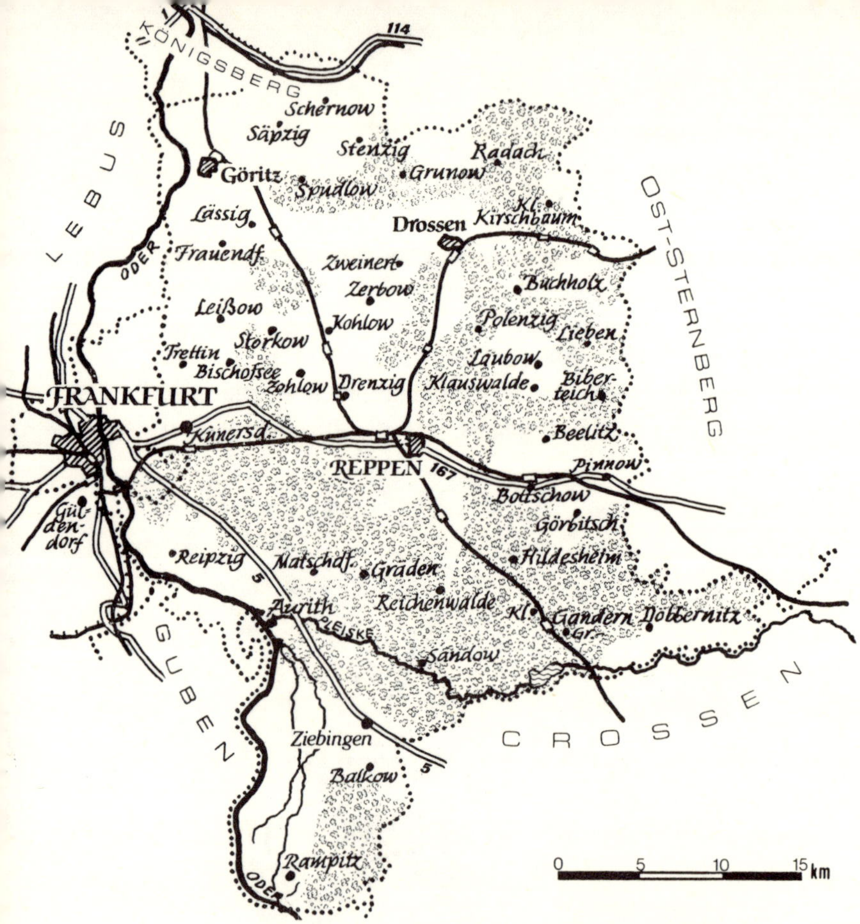

AUF DEN SCHLACHTFELDERN FRIEDRICHS DES GROSSEN

DER KREIS WESTSTERNBERG

„Auert bleibt Auert,
solange die Welt dauert“

sagte man im abgelegenen Südzipfel des Kreises, dort, wo das Sternberger Land über die Pleiske hinaus weit nach Süden greift und sich mit der Niederlausitz an der Oder trifft. Dichte Wälder trennen diesen abgelegenen Winkel vom Hauptteil Weststernbergs. Hier lebte bis zur Schwelle unseres Jahrhunderts eine farbenprächtige Tracht, zumal in *Ziebingen*, der größten Landgemeinde des Kreises (1939: 3948 Einwohner) und in dem stattlichen Oderdorf *Aurith*, das besonders viel auf sich hielt (siehe oben!).

Die Bahnfahrt hat uns bereits mit dem mittleren Teil des Sternberger Landes bekanntgemacht, seine ältere Geschichte ist an uns vorübergezogen. Aus der jüngeren, brandenburgischen Zeit seit dem 14. Jahrhundert ist nicht viel zu berichten. Die Landesherrschaft blieb bis 1945 dieselbe, zum Segen für die Menschen, die hier ihrem friedlichen Werk nachgingen. Elend und Not in der Hussitenzeit (1433), im Dreißigjährigen Krieg (1618–1648) und vor allem im Siebenjährigen Krieg (1756–1763) suchten besonders die Bevölkerung des Sternberger Landes heim, war es doch seit alters ein wichtiges Durchzugsland. Sogar Schlachten wurden hier geschlagen, über die von Kunersdorf werden wir noch hören.

Aus neuerer Zeit ist für diese Gegend das Jahr 1873 von Bedeutung, da danach der seit dem 16. Jahrhundert bestehende einheitliche Sternberger Kreis in einen westlichen und östlichen Teil aufgegliedert wurde. Sitz der neuen Kreisverwaltung für Weststernberg blieb *Drossen*, der alte Hauptort des Landes Sternberg (1939: 5664 Einwohner).

Dieses altertümliche Städtchen liegt reizvoll auf einem in das Tal des Keilangfließes hineinreichenden Sporn. Die Stadtmauer ist 1350 m lang, hatte zwei Tore (Frankfurter und Zielenziger Tor, das Neue Tor kam später hinzu), drei Rund- und drei Halbtürme und acht rechteckige Wiekhäuser. Über seine Grenzen hinaus bekannt wurde Drossen durch seine *Maiblumenzucht:* Der Gärtner *Max Friedrich* hatte in der Mitte des vorigen Jahrhunderts Maiblumen in großem Stil angebaut, deren Samen in den Treibhäusern des In- und Auslandes zur Winterszeit zum Blühen gebracht wurden. Noch ein anderer Drossener wurde weit über die Grenzen seiner Heimatstadt hinaus bekannt: der Fleischwarenfabrikant *Oskar Dörffler.* Er stiftete seiner Vaterstadt ein großes Sportstadion, seinerzeit eines der modernsten im Osten.

Etwas weiter nordwestlich liegt *Göritz*, ein kleines Landstädtchen mit nur 1974 Einwohnern vor dem Kriege. Doch es hatte einst bessere Tage gekannt, vor allem als hier von 1276 bis 1325 der Bischof von Lebus residierte. Sein Schloß und

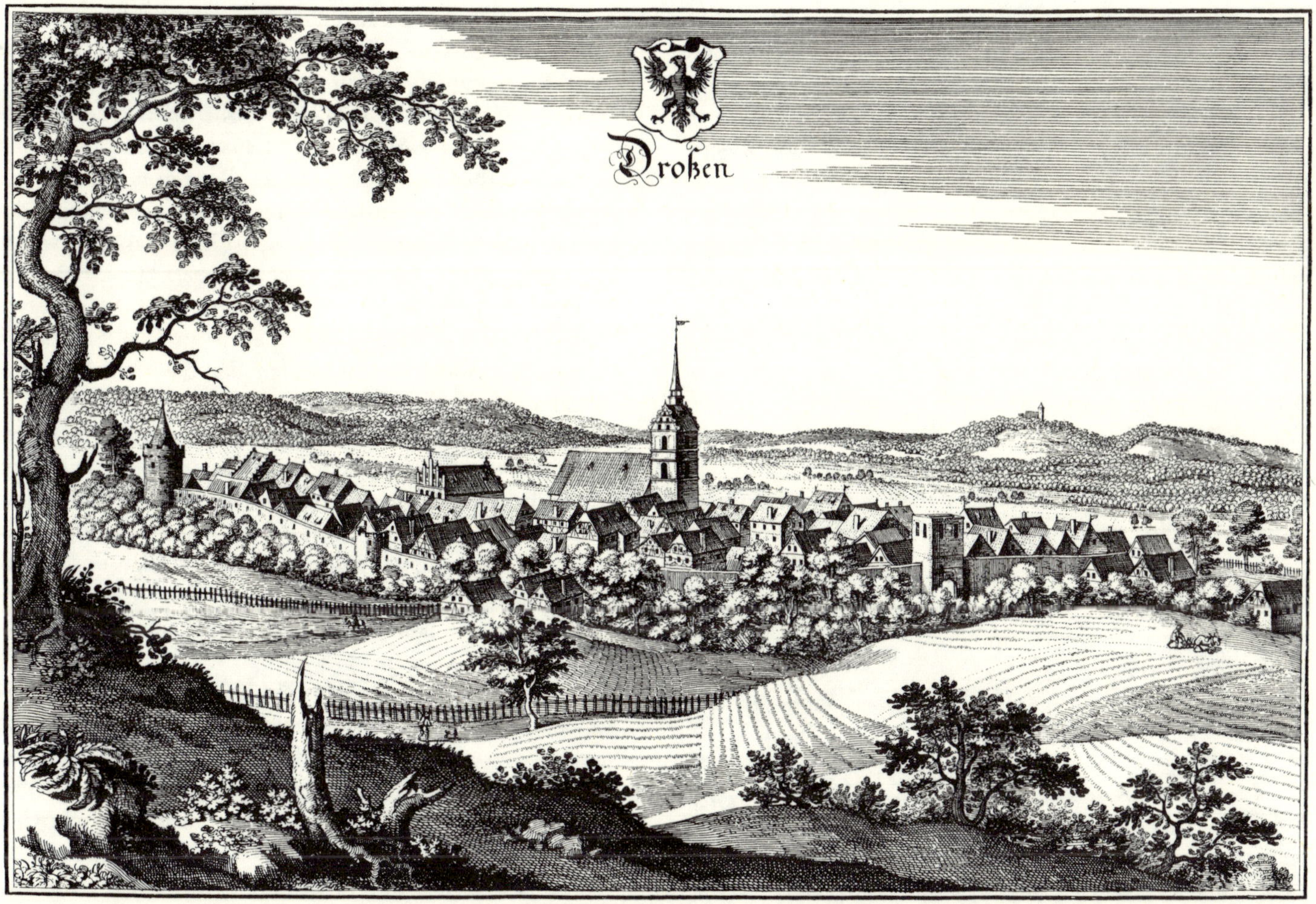

Drossen – Panorama-Ansicht von Merian (1652)

auch der Dom wurden 1326 zerstört, doch noch einmal blühte der Ort auf, als seit 1324 hier ein Marienbild in einer Kapelle Ziel zahlreicher Wallfahrer wurde. Mit der Reformation war es auch damit vorbei. 1945 ist Göritz völlig zerstört worden, die Stadtrechte wurden ihm darauf genommen.

Das zentralgelegene Städtchen *Reppen* (1939: 6442 Bewohner) hatte im Jahre 1904 Drossen als Sitz der Kreisverwaltung für den Kreis Weststernberg abgelöst. Der großen Bedeutung, die Reppen als Eisenbahnknotenpunkt seit den 70er Jahren des vorigen Jahrhunderts gewonnen hatte, konnten sich auch die staatlichen Behörden nicht entziehen. Hier kreuzten sich die Bahnen Frankfurt/Oder – Posen (1869 erbaut) und Stettin–Glogau–Breslau (1875), 1890 folgte noch eine Nebenbahn nach Meseritz. Von hier aus ließ sich der 1136 qkm große Kreis mit seinen (1939) 44530 Einwohnern leichter leiten.

Wenn man vor dem Kriege am Stadtrand von Frankfurt/Oder vom Kleistturm auf den Judenbergen den Blick nach Norden schweifen ließ, dehnten sich vor dem Auge des Betrachters weite Felder und Wiesen aus. Nur wenige waren sich bewußt, hier auf eine Stätte zu schauen, auf der vor über 200 Jahren beinahe das Schicksal Preußens besiegelt worden wäre – das Schlachtfeld von *Kunersdorf* (1759).

Das fast 50000 Mann starke preußische Heer traf hier auf die russischen Verbände unter *Saltykow*, außerdem hatte sich noch ein österreichisches Korps unter *Laudon* von 19000 Köpfen mit den 60000 Russen vereinigt. Die verbündeten

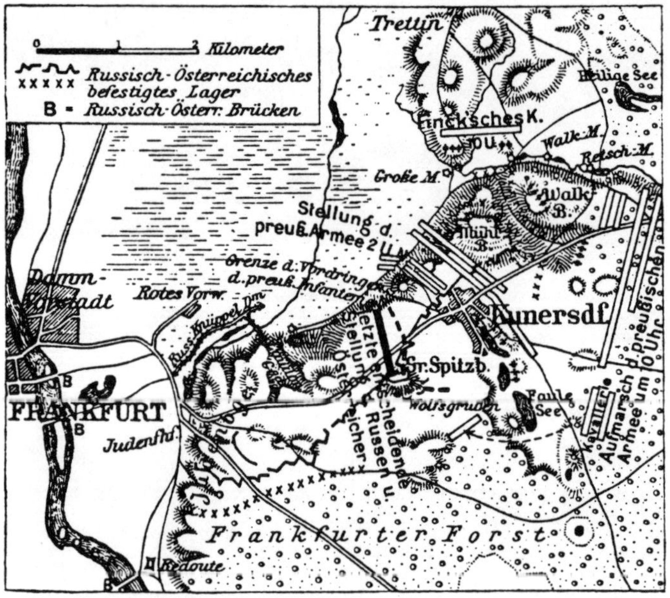

Lageplan der Schlacht von Kunersdorf (1759)

Truppen hielten eine Hügelkette besetzt, die die Feldmark von Kunersdorf im Nordwesten abschloß und von der Oderseite her unzugänglich war. Die preußischen Verbände, geführt durch *Friedrich den Großen*, blieben nach der Erstürmung der ersten Höhe zum Teil stecken – Infanterie und Kavallerie saßen im Kuhgrund fest, General *v. Seydlitz* war verwundet. Als die Kosaken gegen den linken Flügel der Preußen hervorbrachen, löste sich dieser auf und wurde überrannt. Auch der persönliche Einsatz Friedrichs des Großen – bei dem ihm zwei Pferde unter dem Leib weggeschossen wurden und er sein Leben nur der berühmten Schnupftabaksdose verdankte, an der die tödliche Kugel abprallte – konnte die Niederlage nicht mehr aufhalten.

Es war auch für Friedrich eine Schicksalsstunde, in der er sogar daran dachte, aus dem Leben zu scheiden. Die letzte Stunde Preußens hatte aber noch nicht geschlagen. Denn die Feinde nutzten den Sieg nicht – die hereinbrechende Nacht und die Ermattung der eigenen Truppen ließen es nicht zu einer Verfolgung durch die Russen und Österreicher kommen. Das „Mirakel des Hauses Brandenburg“ war geschehen.

Die Bilanz war furchtbar: 21000 Mann verloren, 178 Geschütze hatte der Feind erbeutet. Doch Friedrich fing sich wieder, reifte in dieser Stunde der Gefahr. „Rechnen Sie darauf, daß ich, solange ich die Augen offen habe, den Staat aufrecht erhalten werde, wie es meine Pflicht ist“, schrieb er später an seinen Bruder Heinrich.

Nichts erinnert heute mehr an dieses blutdurchtränkte Schlachtfeld. Preußens Lebensuhr durfte noch fast 200 Jahre schlagen, bis die Siegermächte 1947 endgültig – mit einem Federstrich – den ihnen verhaßten Staat in die Vergangenheit verwiesen. In Kunersdorf werden heute die Reisenden von der polnischen Grenzpolizei kontrolliert, wenn sie im Zuge nach Warschau oder Berlin sitzen, weil es 1945 hier und anderswo für uns Deutsche im Osten ein noch viel größeres Kunersdorf gab.

IM LANDE DER JOHANNITER
DER KREIS OSTSTERNBERG

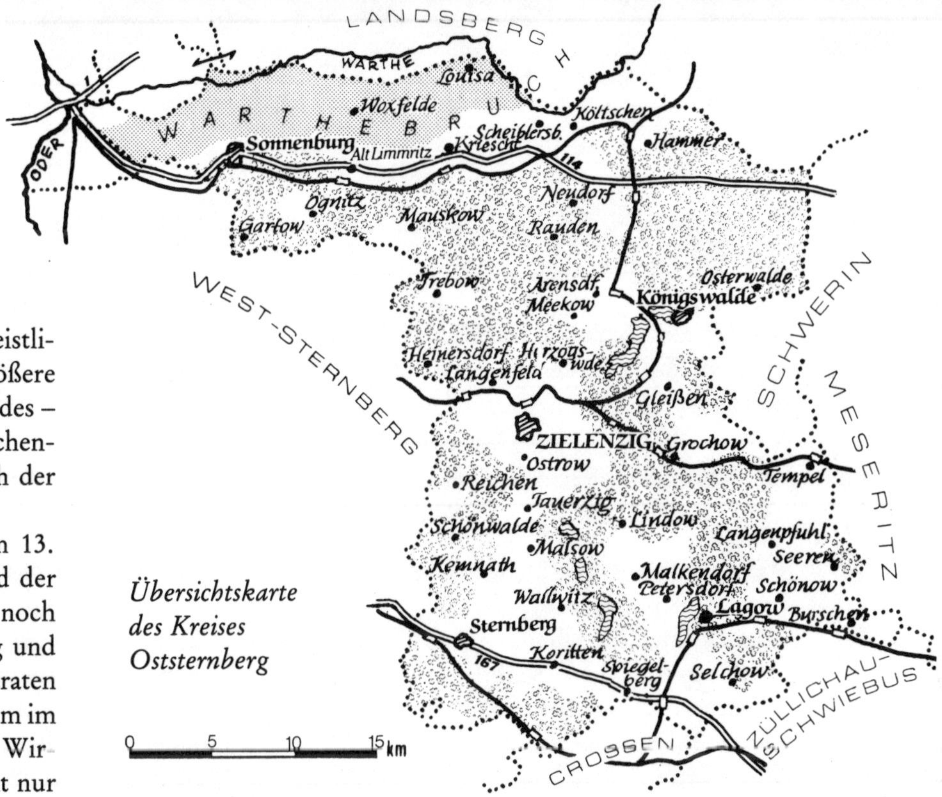

Übersichtskarte des Kreises Oststernberg

Wohl in keinem Gebiet Ostbrandenburgs haben die geistlichen Ritterorden bei der Besiedlung des Landes eine größere Rolle gespielt als im östlichen Teil des Sternberger Landes – sieht man einmal von dem rund fünfzigjährigen Zwischenspiel des Deutschen Ordens in der Neumark nördlich der Warthe ab.

Nach dem Verbot des Templerordens (1312), der im 13. Jahrhundert vielfach als Kolonisator in Pommern und der Neumark aufgetreten war (hier erinnerten bis zuletzt noch die Namen des pommerschen Städtchens Tempelburg und des Dorfes Tempel in unserem Kreis an diesen Orden), traten die *Johanniter* verstärkt auf den Plan – und das wiederum im Lande zwischen Warthe, Oder, Pleiske und Obra. Ihr Wirken ist bis in die Gegenwart zu spüren und dabei nicht nur äußerlich in den Burgen und Schlössern von *Lagow* und *Sonnenburg* auszumachen.

Vielfach übernahmen sie den Besitz der Templer, oft erwarben sie neuen hinzu: Im Sternberger Land kauften sie 1347 dem Markgrafen Ludwig die ehemals Klepzigsche Herrschaft Lagow mit ihrem zugehörigen offenen Städtchen und 22 Dörfern ab, 1426/1427 erwarben sie Schloß und Städtchen *Sonnenburg* mit 10 Dörfern. Hier nahm ab 1500 anstelle von Werben der Herrenmeister der Ballei Brandenburg seinen Sitz und verwaltete von hier aus den umfangreichen, im ganzen Kurfürstentum verstreuten Ordensbesitz. 1661–1668 ließ Herrenmeister Graf Moritz von Nassau das Sonnenburger Schloß durch den holländischen Baumeister Cornelis Ryckwaert neu aufführen, es blieb auch nach der Säkularisierung des Ordensbesitzes (1810) in der Hand der 1812 erneuerten Johanniter-Gemeinschaft.

Seit 1852 nennt sie sich wieder *Balley Brandenburg des Ritterlichen Ordens St. Johannis vom Spital zu Jerusalem, genannt Der Johanniterorden.* Schon im 16. Jahrhundert hatte er die Reformation angenommen, blieb aber seiner Verfassung treu und besteht heute als einziger *evangelischer* Orden fort.

Bis 1945 blieb Sonnenburg Sitz der Johanniter, der prachtvolle Festsaal des Schlosses bewahrte die Bildnisse aller Herrenmeister. 1978 brannte das Schloß völlig aus, es gelang den Polen nicht, den reichen, in ihre Verwaltung übernommenen Besitz an Schlössern und Burgen gegen Verfall und Brandstiftung zu sichern, wie leider häufig im Lande. Das kleine Städtchen (1939: 3649 Einwohner) besaß seit der Mitte des vorigen Jahrhunderts ein Johanniter-Krankenhaus und eine moderne Strafanstalt, seit dem Spätmittelalter die spätgotische Johanniterkirche mit einem schönen Sterngewölbe.

Die schönste Burg weit und breit steht in *Lagow.* Als eine der östlichsten Grenzburgen des Landes Lebus gegen Polen wurde sie im 13. Jahrhundert angelegt und befand sich bis zur Mitte des 14. Jahrhunderts im Besitz derer v. Klepzig. Darauf erwarb der Johanniterorden Lagow und richtete hier eine Komturei ein, zu der auch Zielenzig gehörte. Der preußische

Staat nahm sie 1810 in seine Verwaltung und machte Lagow zu einer Domäne; das Schloß fand 1832 einen privaten Eigentümer.
Der kleine, reizvoll gelegene Ort war bis 1932 eine der kleinsten Städte Preußens (1939: 1225 Einwohner); er ist der Mittelpunkt der *Sternberger Schweiz,* einer kuppigen, wald- und seenreichen Endmoränenlandschaft, die in der Buchwaldhöhe die höchste Erhebung des östlichen Brandenburg stellt (227 m). Diese herrliche Gegend war noch kaum entdeckt – ein Erholungsgebiet der Zukunft, wenn die Vergangenheit eine andere gewesen wäre.
Auch die Kreisstadt Oststernbergs, *Zielenzig,* war mit fünf Dörfern ihrer Umgebung von 1312 bis zur Säkularisierung Johanniterbesitz. Sie waren bereits die dritten geistlichen Grundherren, die über „Zulenche" geboten, wie es als Stadt schon 1244 bezeugt ist: Vor ihnen besaßen es die Templer, davor hatte der Bischof Lebus 1241 einem schlesischen Grafen Mrochco die Ansetzung deutscher Siedler gestattet. Die brandenburgischen Markgrafen traten schon 1269 als Oberherren auf, endgültig erst 1326, nachdem sie Polen und Schlesien aus dem Felde geschlagen hatten.
Von der Urbarmachung des *Warthebruches* und der großen Leistung Brenkenhoffs war bereits im Zusammenhang mit den Kreisen Landsberg und Friedeberg die Rede. Die Tatsache, daß dieses gewaltige Kolonisationswerk von den *Johannitern* in ihrem Anteil des Bruchs begonnen wurde, verdient ein paar Zeilen zusätzlich.
Seit 1722 war der Orden hier tätig geworden, *Albrechtsbruch* war das erste der Kolonistendörfer. In den 70er Jahren des 18. Jahrhunderts wurde das Werk fortgesetzt, zu einer Zeit, in der in Amerika die 13 britischen Kolonien um ihre Unabhängigkeit kämpften und erstmals die Menschenrechte in einer Verfassung formulierten. Die Sympathien Preußens standen auf ihrer Seite – General v. Steuben war ein lebendes Zeugnis dafür. Die zu jener Zeit im Ordensbruch angelegten Dörfer erhielten daher Namen, die an markante Stätten des Unabhängigkeitskrieges oder an Staaten der USA, aber auch an andere Teile der Welt erinnern: *Korsika, Philadelphia* (1774), *Malta, Quebec* (1774/1775), *Maryland* (1775), *Saratoga, Havannah* (1778/1779), *Pensylvanien, Hampshire* (1783), *Jamaica* (1784), *Yorkstown, Ceylon, Sumatra und Florida* (1789).
Die Landkarte des Warthebruchs sah demzufolge recht international aus (s. S. 24) und blieb es auch bis 1945. Die hier gezeigte Toleranz fremdartigen Namen gegenüber, die in Deutschland eine lange Tradition hat, wurde erst 1945 überrollt: Für derartige Bezeichnungen war unter polnischer Herrschaft kein Platz mehr, obwohl die Amerikaner dazu beitrugen, daß Polen bis zur Oder und Neiße vorrücken konnte. Heute heißt es hier *Budzigniew, Kościęcin, Zaszczytowo, Żyrosławice* – ein Spiel mit Namen, das man belächeln könnte, wenn es ein Spiel wäre.
Eine nette Spielerei war es hingegen, daß *Stuttgardt* kleiner als der benachbarte Flecken *Kriescht* war und die Entfernung von *Mannheim* nach *Freiberg* nur 9 km betrug – hier konnte man die in der Schule mühsam gelernte Geographie auf den Kopf stellen, ohne dafür eine schlechte Note zu erhalten...
Einiger berühmter Männer müssen wir noch gedenken, die im östlichen Sternberger Land gewirkt haben oder hier ihr Vaterhaus hatten. Da ist zuerst *Bartholomäus Ringwaldt,* der von 1566–1599 Pfarrer von Langenfeld war und hier eine Liedersammlung besorgte, die ihn unter die bedeutendsten märkischen Dichter seiner Zeit einreihte. Seine erst 1852 erschienene „Christliche Warnung des trewen Eckarts" war eines der meistgelesenen Bücher im vorigen Jahrhundert. Aus Spiegelberg, dem zwar alten, aber nach den Zerstörungen des Siebenjährigen Krieges in friderizianischer Art wiederaufgebauten Dorf im Süden des Kreises, stammten die beiden Schriftsteller *Hanns* (1853–1918) und *Fedor v. Zobeltitz* (1857–1934). 1895 kam in Lagow *Gerhard Domagk* zur Welt, der spätere Erfinder der Sulfonamide und Nobelpreisträger des Jahres 1939 für Medizin.

Sonnenburg – Panorama-Ansicht von Merian (1652)

Das kleine *Königswalde,* früher mit 1338 Einwohnern und erst seit 1809 Stadt, war von 1367 bis 1945 im Besitz der Familie v. Waldow. Seit der Separation im vorigen Jahrhundert verfügte sie zwar nur noch über die Gutsherrschaft, erbaute sich aber das sogenannte Neue Schloß, das die Polen heute zu einem Hotel ausgestaltet haben.
Womit wir bei der Stadt wären, die seit 600 Jahren diesem Lande den Namen gab: *Sternberg.* Es wurde wohl schon im 13. Jahrhundert vom Magdeburger Erzbischof Konrad Graf von Sternberg gegründet und nach ihm benannt. Da Sternberg noch bis ins 14. Jahrhundert hinein Burgort und Verwaltungsmittelpunkt dieser Gegend war, nannte man seit jener Zeit den Ostteil des Landes Lebus jenseits der Oder „Land Sternberg". Später sank Sternberg zu einem Landstädtchen herab, das 1939 nur 2158 Einwohner zählte. Von der erzbischöflichen Burg ist keine Spur auf uns gekommen.

DIE MITTLERE GRENZMARK

Das jüngste Kind unter den fünf historischen Landesteilen Ostbrandenburgs ist die mittlere Grenzmark – erst 1938 wurde sie der Mark zugeschlagen. Es ist ein stilles Land, das sich über 70 km jenseits der alten östlichen Brandenburger Grenze an Warthe und Obra entlangzieht, nur wenig bekannt und noch weniger aufgesucht.

Es ist der westliche Saum der alten *Provinz Posen* – bei Blesen erreichte sie ihren westlichsten Punkt, nur 45 km von der mittleren Oder bei Küstrin entfernt. Bis 1793 reichte das alte Königreich Polen hierher – gehörte das Posener Land doch bis zur Zweiten Polnischen Teilung zu unserem östlichen Nachbarstaat. „Polnisch" war allerdings der überwiegende Teil der Bevölkerung der drei Grenzkreise *Schwerin, Meseritz* und *Bomst* schon damals nicht, denn bereits im alten Polen war dieses Grenzgebiet von deutschen Bauern aus der nahen Mark Brandenburg und seit der Gegenreformation auch aus Schlesien aufgesiedelt worden, letztere hatten als evangelische Glaubensflüchtlinge auf den Ländereien polnischer Adeliger, die sich ebenfalls der Reformation angeschlossen hatten, eine neue Heimat gefunden. Die Grafen v. Unruh taten sich dabei hervor – das kleine Städtchen Unruhstadt bezeugt dies mit seinem Namen.

Die Provinz Posen wurde nach dem Wiener Kongreß wieder Preußen zugesprochen, nachdem sie von 1806 bis 1815 dem Großherzogtum Warschau, einem Satellitenstaat von Napoleons Gnaden, unterstellt war. Der preußische König Friedrich Wilhelm III. garantierte seinen neuen Untertanen, die damals in der gesamten Provinz zu etwa 55 v. H. polnischer und zu 45 v. H. deutscher Zunge waren, das Recht des Gebrauchs der deutschen und polnischen Muttersprache bei allen Ämtern und die *Gleichstellung* von Deutschen und Polen. Viele Inhaber von Landratsstellen waren damals Polen, das Schulwesen befand sich praktisch in polnischer Hand, da die katholische Kirche, d. h. der polnische Erzbischof von Gnesen-Posen, die Schulaufsicht führte – die staatliche Kontrolle des Schulwesens ist erst eine Errungenschaft der Bismarck-Ära. Das „Großherzogtum Posen", wie die Provinz offiziell genannt wurde, genoß mithin eine Sonderstellung unter den acht Provinzen Preußens.

Doch das 19. Jahrhundert war nicht dazu angetan, das alte, in Jahrhunderten erprobte Miteinander von Deutschen und Polen fortzusetzen – die Polen strebten nach Unabhängigkeit; da vermochte eine noch so großzügig ausgeübte Automie nicht viel auszurichten. Die Leidtragenden waren *katholische* Deutsche, die noch in südpreußischer Zeit eingewandert waren und sich nun einem unausgesetzten Polonisierungsdruck ausgesetzt sahen – und das unter preußischer Herrschaft!

Die Gegenreaktion sollte deutscherseits nicht lange auf sich warten lassen: Mit dem Amtsantritt des neuen Oberpräsidenten Flottwell 1830 versuchte der preußische Staat dem polnischen Einfluß in der Provinz zu steuern – mit dem Ergebnis, daß 1848 in Posen ein Aufstand ausbrach, der den mittleren, zumeist polnisch besiedelten Teil der Provinz erfaßte. In den überwiegend deutschen Randkreisen im Norden, Westen und Süden blieb es hingegen ruhig. Der Aufstand konnte zwar niedergeworfen werden, doch die Lage blieb gespannt; *Gustav Freytag* hat uns in seinem Roman „Soll und Haben" ein anschauliches Bild der polnischen „Sensenmänner" gezeichnet – ein Bild, das auch die menschlichen Züge auf beiden Seiten deutlich macht: Der Nationalismus war noch nicht zur Ideologie geworden und hatte noch nicht die unmenschlichen Züge angenommen, die ihn im 20. Jahrhundert kennzeichnen sollten.

Die preußische Verwaltung verstand es fortan, im Lande Ruhe zu halten: Gerade nach dem mit großer Härte niedergeschlagenen Aufstand der Polen im sogenannten russischen Kongreßpolen (1863) hatten viele Polen das Empfinden, daß sie in Preußen, im Gegensatz zu ihren Brüdern im Zarenreich, geradezu im warmen Regen saßen. Lediglich die von den preußischen Behörden wenig geschickt durchgeführten Maßnahmen der 70er Jahre des vorigen Jahrhunderts, bei denen die Erfordernisse eines modernen Staates, wie staatliche Schulaufsicht, Ziviltrauung u. a. m. eingeführt werden sollten, brachten die katholische Kirche gegen den Staat auf, verlor sie doch mit der Schulaufsicht ein wichtiges Einflußgebiet. In der Provinz Posen verschärfte sich die Situation insofern, als hier die katholische Kirche gleichbedeutend mit dem Polentum war. Der „Kulturkampf" nahm hier die Züge einer *nationalen Auseinandersetzung* an.

Das beruhigte sich wieder. Trotz aller Gegensätze war das Verhältnis von Deutschen und Polen zueinander verhältnismäßig gut – nicht zuletzt, weil es keine sozialen Gegensätze gab. Den Polen war es in den gut 100 Jahren preußischer Herrschaft in der Provinz Posen oder im westlichen „Großpolen", wie sie sagen, gelungen, einen bürgerlichen Mittelstand zu entwickeln, der nach 1918 zu einem staatstragenden Element in der Ersten polnischen Republik werden sollte.

Kurz vor Ausbruch des Ersten Weltkrieges zählte die Provinz Posen auf 28 970 qkm 2,1 Mio. Einwohner (1910), von denen 38,4 v. H. (807 000) Deutsch als Muttersprache angaben und 60,9 v. H. Polnisch – das zahlenmäßige Verhältnis der beiden Völker zueinander hatte sich also unter deutscher Herrschaft eher zuungunsten des deutschen Elements geändert. In der mittleren Grenzmark zählte man unter 67 566 Bewohnern nur etwa 3 v. H. Polen.

Nach dem unglücklichen Ausgang des Ersten Weltkrieges rissen die Polen in einem *Aufstand* Ende Dezember 1918 die Macht in der Provinz Posen an sich. Nur der überwiegend deutsche Norden, Westen und Süden konnte sich davon freihalten, darunter auch unsere drei westlichen Grenzmarkkreise. Der Versailler Vertrag ordnete die Abtretung fast der ganzen Provinz Posen an Polen an, nur drei kleinere Gebietsteile mit einer Fläche von zusammen 2954 qkm (das sind 10,2 v. H. des Gebietsumfanges der 1910 zu zwei Fünfteln deutschbesiedelten Provinz!) verblieben beim Reich.

Die neue Grenzziehung befriedigte keine von beiden Seiten: In Deutschland sprach man von der „blutenden Grenze", in Polen träumte man vom Umfang der alten Adelsrepublik von 1772 – beides war nicht unter einen Hut zu bringen. Ungerecht war es schon, wenn man die vielzitierten Ideale eines Woodrow Wilson zur Grundlage machte: Wäre es nach dem *Selbstbestimmungsrecht* der Völker gegangen, hätten rund 10 000 qkm Posener Gebiet beim Reich verbleiben müssen. Der westliche Rand des Posener Landes wurde zusammen mit drei ehemals westpreußischen Kreisen 1922 als eigene preußische Provinz *Grenzmark Posen-Westpreußen* eingerichtet. Sie sollte als Traditionsprovinz die Namen dieser alten preußischen Landschaften weiterführen und die besonderen Nöte des Grenzlandes lindern helfen – wobei sich das Reich stark einsetzte. In unserem Raum waren der ganze Kreis Schwerin, zwei Drittel des Kreises Meseritz (allerdings ohne den wichtigen Eisenbahnknotenpunkt Bentschen) und ein schmaler Streifen des Kreises Bomst bei Deutschland verblieben, die als drei Kreise innerhalb der Grenzmark bestehen blieben.

Eine Art „Zonenrandförderung" ergoß sich über dieses Gebiet, nicht zuletzt, weil erstmals in neuerer Zeit ein zwischenmenschliches Problem im politisch-wirtschaftlichen Leben eine Rolle spielen sollte – das der *Flüchtlinge.* Viele verließen ihre nun polnisch gewordene Heimat. Gerade die Grenzkreise bekamen dies deutlich zu spüren.

1938 löste das ehemalige Regime die Grenzmark auf, schlug deren 5 nördliche Kreise zu Pommern und legte das Schweriner und Meseritzer Gebiet sowie die Nordhälfte des Bomster Kreises zu Brandenburg, das seinerseits das Arnswalder und Friedeberger Land an Pommern abtreten mußte.

Lange hatte diese Regelung nicht Bestand: Der alles verzehrende Zweite Weltkrieg fegte sie ebenso hinweg wie den kurzlebigen „Warthegau", der 1939 jenseits der Grenze im Posener Land entstanden war, und noch viel mehr: die alteingesessene deutsche Bevölkerung.

AN WARTHE UND OBRA
DER KREIS SCHWERIN

Es gab 1887 nicht wenige Stimmen in der damaligen *Provinz Posen,* die davon abrieten, aus dem westlichen Zipfel des Kreises Birnbaum einen eigenen Kreis Schwerin zu machen, denn damit würde der Restkreis Birnbaum eine polnische Mehrheit erhalten und der neue Kreis Schwerin zu klein werden und kaum lebensfähig sein. Doch die Kritiker setzten sich nicht durch. So entstand der Kreis Schwerin an der Warthe.

Schwerin an der Warthe

Er wurde tatsächlich *kleinster Kreis* in der Provinz, der nun verkleinerte Kreis Birnbaum stand ihm kaum nach; nur 21620 Einwohner zählte er im Jahre 1910, die mit 91,3 v. H. den höchsten Hundertsatz deutscher Bevölkerung aller Kreise in der Provinz Posen aufwiesen. Das Schweriner Kreisgebiet gehörte somit zu den wenigen Bezirken dieser Provinz, deren Verbleib bei Deutschland nach dem Ersten Weltkrieg *unbestritten* war. Die Bevölkerungszahl des Kreises wuchs bis 1939 nur geringfügig auf 22498 Personen an – immer noch zu wenig für das 658 qkm große und zur Hälfte aus Wald bestehende Land an der Grenze.

Das Schweriner Land an Warthe und Obra hat leider eine an Kriegs- und anderen Nöten reiche Geschichte vorzuweisen. Im Mittelalter war es zwischen pommerschen, polnischen, schlesischen und brandenburgischen Herrschern umstritten: Vor 1300 gehörte es wohl zum Herzogtum Schlesien und danach zu Brandenburg, bis es seit 1326 bei *Polen* verblieb. Die Besiedlung des Kreises ist zum größten Teil auf das rege Wirken der Zisterzienser zurückzuführen, die 1312/1315 von den brandenburgischen Markgrafen Waldemar und Johann V. eine Reihe von Dörfern um *Semmritz* erhielten, um dort ein Kloster zu gründen. Nachdem die Abtei dort abgebrannt war, verlegten die Mönche sie in das nahe *Blesen,* das bald nach 1458 auf Anraten des Abtes vom polnischen König das magdeburgische Stadtrecht erhielt.

Die einzige in das Mittelalter zurückgehende Stadt im Kreisgebiet ist die Kreisstadt *Schwerin.* Sie dürfte im 13. Jahrhundert entstanden sein, als der Raum an Obra und Warthe noch zu Schlesien bzw. zu Brandenburg gehörte. Die vielen Stadtbrände, die Schwerin heimgesucht haben, verschonten nicht das städtische Archiv, so daß aus der Frühzeit der Stadt nur wenig bekannt ist. 1306 ist erstmals von einer civitas, also einer Stadt im deutschrechtlichen Sinne die Rede, die teilweise durch Mauer und Graben geschützt war. 1406 erneuerte der polnische König das Stadtprivileg, das sich in diesem Falle auf das Magdeburger Recht gründete.

In den vielen Kriegen des 17. Jahrhunderts, die Polen infolge der Verwicklungen mit Schweden wie eine „Sintflut" heimsuchten, wurde Schwerin mehrfach zerstört: 1628 kämpften Schweden und Polen in der Nähe, die flüchtenden Polen ließen den zumeist aus Holzhäusern bestehenden Ort in Flammen aufgehen. 1678 brannte Schwerin wieder nieder, erneut im Nordischen Kriege (1712) – wobei alle wichtigen Dokumente vernichtet wurden. In dieser Not rettete der aus Schwerin gebürtige Andreas Göhre, Adjutant des Schwedenkönigs Karl XII., die Stadt vor der Verarmung. Als er nach einem zwanzig Jahre währenden Abenteurerleben in seine Heimatstadt zurückkehrte, fand er sie als Trümmerhaufen vor, die Eltern hatte die Pest schon 1709 dahingerafft. Er ritt sofort nach Warschau und erreichte, daß alle Privilegien der Stadt dort neu ausgefertigt und bestätigt wurden.

Im Siebenjährigen Krieg litt die Stadt unter russischen Durchzügen, 1769 wurden fünf deutsche Bürger, darunter der Bürgermeister, von den polnischen Konföderierten hingerichtet. Das alte Polen war in Anarchie versunken, wo Adelsparteien private, bürgerkriegsähnliche Kämpfe miteinander ausfochten, um ihre Vorstellungen durchzusetzen. Die Zentralgewalt war durch das seit 1652 im polnischen Reichstag praktizierte „Liberum veto", ein Vetorecht jedes Reichstagsmitgliedes, praktisch zum Erliegen gebracht worden, der König war nur mehr eine Galionsfigur. Für die vielen evangelischen Deutschen im Lande war daher die Angliederung Schwerins und seiner Umgebung im Jahre 1793 an *Preußen* eine Erlösung. Die Polen hatten durch die neuen Verhältnisse, mit denen Recht und Ordnung regierten, mehr Vor- als Nachteile – bis auf die fehlende Unabhängigkeit.

In der zweiten Hälfte des vorigen Jahrhunderts nahm die Stadt einen großen Aufschwung: 1828–1830 wurde die erste feste Straßenverbindung hergestellt (mit Landsberg/W.), 1896 folgte die Eisenbahn nach Landsberg und Meseritz (weitere Strecken 1906 nach Birnbaum, 1935 nach Driesen), 1908 erhielt Schwerin sogar ein Lehrerseminar.

Altdeutsche Vorlaubenhäuser in Lauske

Alles schien in eine glückliche Zukunft zu weisen, Schwerin und sein Kreis hatten einen guten Start, die Kritiker waren verstummt. Doch der Erste Weltkrieg und sein unglücklicher Ausgang brachten die Stadt in schwere Bedrängnis: Sie kam in die Nähe der neuen deutsch-polnischen Grenze zu liegen, glücklicherweise diesseits. Schwerin hat sich dennoch als Kreisstadt an der Reichsgrenze behauptet, ja sogar bis 1939 an Einwohnern zugenommen: Zuletzt lebten hier 8952 Personen, einschließlich der Garnison und des Reichsarbeitsdienstlagers. 1945 wurde die Stadt durch Brände zur Hälfte zerstört, das deutsche Schwerin der Grenzmark ist untergegangen.

Wie fast alle Grenzmarkkreise hatte auch der Kreis Schwerin mit 53,6 v.H. einen erheblichen Anteil an *katholischer* Bevölkerung (1910 noch 59,2 v.H.), die auf die Zeit der Gegenreformation zurückgeht: Damals blieben die deutschen Einwohner in den Dörfern des Klosters Blesen unter dem Druck der Kirche dem alten Glauben treu. Ihren Mittelpunkt besaßen sie nach der Auflösung des Klosters

1835 hauptsächlich in *Rokitten,* das mit seiner barocken zweitürmigen Wallfahrtskirche über die anderen Dörfer im Südteil des Kreises hinausragte.
Hier in Rokitten saßen seit Jahrhunderten auf dem Gut die

Übersichtskarte der Kreise Schwerin und Meseritz

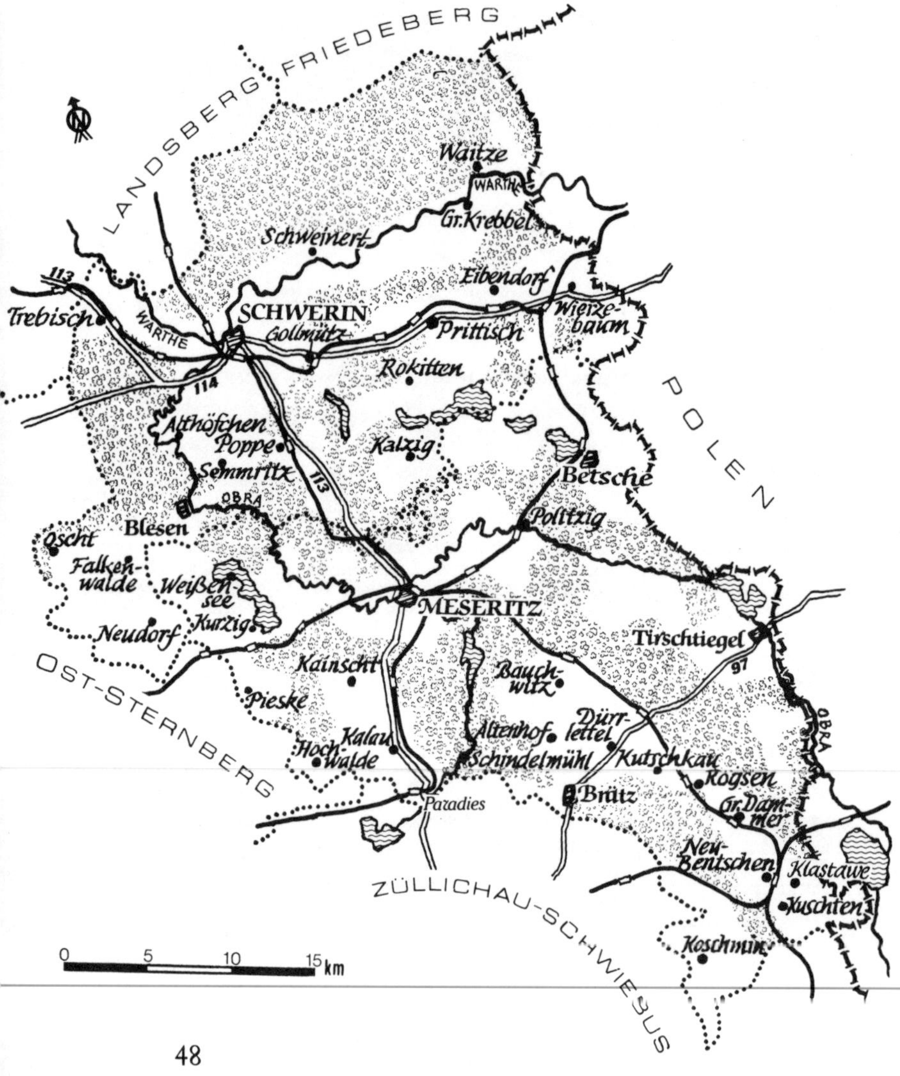

Viebigs, deren Familie die Dichterin *Klara Viebig* entstammt, die mit ihrem Roman „Das schlafende Heer" ein Stück grenzmärkischer Geschichte geschildert hat. Andere hübsche Kirchen barocken Charakters sind das zweitürmige Gotteshaus in *Althöfchen* und das zu *Eibendorf* (Goray) mit dem heute nicht mehr vorhandenen freistehenden hölzernen Glockenturm.
Eine Welt für sich bildeten die Dörfer der *Wartheniederung.* Sie sind zumeist im 16./17. Jahrhundert von einwandernden Deutschen angelegt worden, die sich auf die Entwässerung sumpfiger Striche und Bruchlandschaften verstanden. Die ersten dieser Einwanderer im alten Polen waren *Holländer,* daher werden diese Siedlungen oft als „Holländereien" bezeichnet. Da bei der Urbarmachung der Niederungen viel Weide- und Erlenholz abgeschlagen werden mußte, sprach man gern von „Hauländereien". Die neuen Siedlungen führen häufig den Zusatz „Hauland" zu dem nächstgelegenen älteren Ort, z. B. Schweinert-Hauland beim alten Kirchdorf Schweinert, Striche-Hauland, Schneidemühl-Hauland. Die jüngeren, nach der preußischen Besitzergreifung 1793 angelegten Orte bezeichnete man vielfach als „Kolonien".
Die Hauländereien und Kolonien waren fast durchweg *evangelisch.* Ein zähes Festhalten am überkommenen Glauben zeichnete die Einwohner aus; sie hatten sich in der Zeit der Verfolgungen während der Gegenreformation daran gewöhnt, in Glaubensdingen auf sich selbst gestellt zu sein. Ergreifend schlicht waren ihre Gotteshäuser, die oft nur aus einfachen Blockhäusern bestanden. Die Gehöfte zeigten noch vielfach den Charakter des altdeutschen *Vorlaubenhauses,* das sich in seiner Abstammung aufgrund von Bodenfunden bis in die ostgermanische Zeit vor der Völkerwanderung zurückverfolgen läßt. Ein ausnehmend schönes Dorfbild zeigte das malerisch an der Warthe gelegene *Lauske.* Gelegentlich bestanden sie nur aus einfachen Blockhäusern, wie in dem 1926 vom Wasser heimgesuchten *Kaza* und einst in dem wegen der vielen Wassersnöte abgebrochenen Dorf *Pechlüge.*

VON DER GRENZE GETEILT
DER KREIS MESERITZ

Das Meseritzer Land war zu allen Zeiten eine Grenzmark – im wahrsten Sinne des Wortes. So war es in den Tagen des alten Königreichs Polen, zumal seit König Kasimir der Große 1364 die Grenze zu Brandenburg mit diesem einvernehmlich festlegte, nicht anders nach 1919, als in Versailles eine neue Weltordnung geschaffen wurde, die doch nur 20 Jahre hielt. Einmal lag Meseritz jenseits der Grenze, vor dem Zweiten Weltkrieg blieb es gerade noch diesseits.

Wenn man vor 1939 in diese Gegend kam, spürte man bald irgendwo die *Grenze,* oder in Gesprächen wurde die *Teilung* des Landes angesprochen. Der Kreis Meseritz mußte mit diesen Verhältnissen leben wie kaum ein anderer im Osten. Daher sei diesem Problem, das damals die Menschen bedrückte, so wie uns heute Zonengrenze und Mauer schokkieren, ein paar Zeilen mehr als üblich gewidmet. Denn diese Frage stellte etwas absolut Neues dar: Die Grenze wurde geschaffen und die Menschen hatten sich nach *ihr* zu richten und nicht etwa umgekehrt; ein Vorgang, der heute in der Welt leider etwas „Normales" geworden ist, aber hier seine Anfänge zeigt.

Nach der Meinung der Grenzkommission bildet die *Seenkette der Obra* eine einigermaßen natürliche Landscheide, also wurde sie zur Reichsgrenze bestimmt. Doch damit war die Teilung des bis dahin 1153 qkm großen Kreises Meseritz besiegelt: Er verlor 446 qkm und damit 39 v.H. seines Gebietes; im abgetretenen Kreisteil lebten (1910) 21098 Bewohner, zu 61 v.H. Deutsche. Die neue Grenze hatte zudem noch ihre besonderen Tücken.

Neu Bentschen. Ein Name, der dem Eisenbahnfreund – deren Zahl ja wächst – etwas sagt: eine Station an der deutsch-polnischen Grenze bis 1939, ein bedeutender Eisenbahnknotenpunkt, auch heute noch bzw. wieder, auch wenn nun auf den Schildern Zbąszynek steht. Ein Blick auf die Landkarte

Der Grenzbahnhof Neu Bentschen

zeigt, daß gleich östlich dieses Bahnhofs ein zweiter Verzweigungspunkt liegt: *Bentschen.* Warum zwei Bahnknoten?

Die Vorsilbe „neu" verrät es: Jener ist jüngeren Datums, er verdankt sein Entstehen der 1919 in Versailles festgelegten Reichsgrenze. Damals gelang es nicht, den wichtigen Verzweigungsbahnhof Bentschen an der Hauptstrecke Berlin – Posen zu behaupten, obwohl die Stadt eine zu zwei Dritteln deutsche Bevölkerung beherbergte. Deshalb zerschnitt die neue Grenze die drei von Westen auf Bentschen zuführenden Strecken kurz vor ihrer Zusammenführung. Die polnische Eisenbahnverwaltung zeigte sich nur an der Offenhaltung der Berliner Bahn interessiert. Hinzu kam, daß auf deutscher Seite keine gleichwertige Station an dieser Linie vorhanden war, die als Grenzbahnhof mit seinen umfangreichen Abstellgleisen, Lokwechselanlagen usw. geeignet war – ein *Neubau* war dringend geboten.

Die 1922 aus den früheren sieben Länderbahnen entstandene Deutsche Reichsbahn entschloß sich zu einer großzügigen

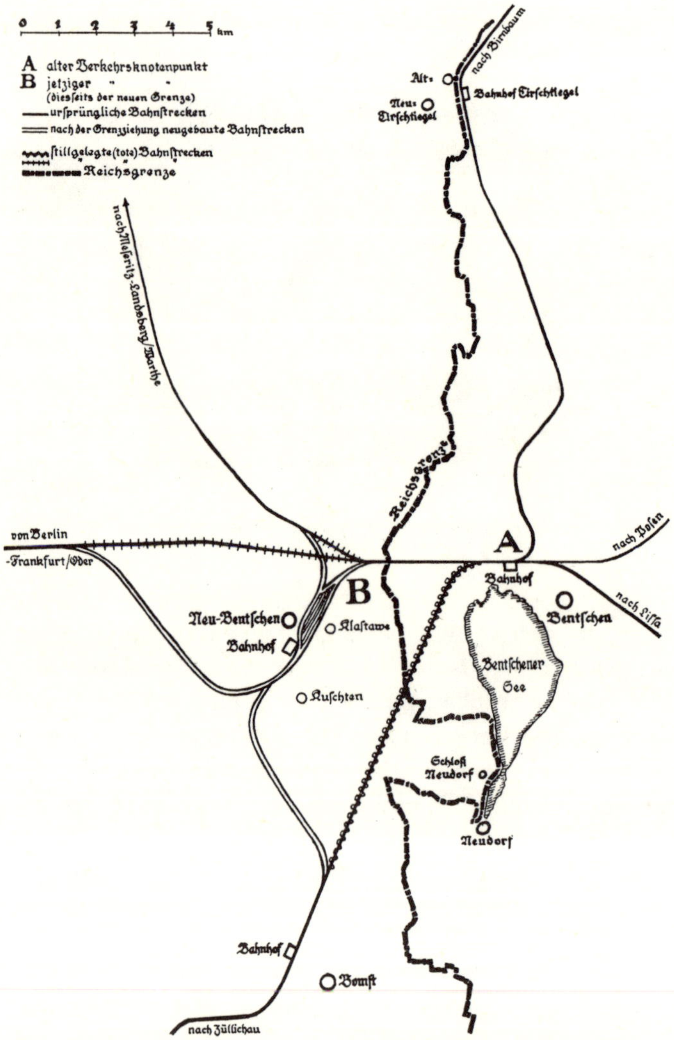

Die Lage des Grenzbahnhofs Neu Bentschen

Lösung. Sie sah eine Zusammenbiegung der Cottbuser und Berliner Strecke vor der Grenze in einem neuen gemeinsamen Bahnhof vor, der im Winkel zwischen den bisherigen Bahnlinien entstehen sollte – die nebenstehende Karte zeigt es. In den Jahren bis 1925 wurde der Güterbahnhof fertiggestellt, 1930 folgte der Personenbahnhof. Bei diesem entstand sogar eine städtische Siedlung mit mehreren Schulen und zwei Kirchen für die Eisenbahner und Zollbeamten, die bis 1939 auf 1798 Einwohner anwuchs. Heute rollen die wenigen internationalen Züge ohne Halt durch Bentschen wie Neu Bentschen, neuerdings sogar elektrisch betrieben. Ein Grenzschicksal, das gemeistert wurde und sich, wie wir wissen, schon 1939 erfüllt hat.

Einen ganz merkwürdigen Verlauf nahm die Reichsgrenze am Bentschener See bei *Neudorf*. Ein 1936 erschienener Reiseführer beschreibt den Weg dorthin so: „Über die tote Strecke der ehemaligen Bahn Bomst – Bentschen, die von drahtlosen Telegraphenmasten begleitet und wie eine Waldschneise allmählich von Gras überwuchert wird, vorbei an den malerischen Feldscheunen von Dombrowo, führt die Straße zum Gutshof Neudorf. Das Schloß liegt sehr reizvoll am terrassenförmig abfallenden Seeufer. Der See selbst ist bereits polnisch. Parkwege durch Schilf und schönen Baumbestand führen längs der Grenze (Grenzsteine beachten!) südwärts in die Nähe des 1920 Polen zugeteilten Dorfes Neudorf und seiner Brücke. – Zurück geht man am westlichen Rande dieses Grenzzipfels im Walde neben der Chaussee, die selbst polnisch ist, bis zu den Schlagbäumen, an denen wieder deutsches Reichsgebiet beginnt. Jenseits der Straße, also noch in Polen, sieht man den Friedhof, auf dem deutsche Grenzschutzkämpfer ruhen. – Diese Grenzausbuchtung wird auf geschickte Verhandlungen des damaligen Besitzers von Neudorf zurückgeführt. Das Dorf selbst und etwa neun Zehntel der zugehörigen großen Ländereien (18000 Morgen) sind jedoch nicht beim Reiche verblieben."
Sollen wir noch die Situation in *Tirschtiegel* schildern, wo die Grenze nur wenige Meter vor dem Bahnhof verlief und ihn somit von der beim Reich verbliebenen Kleinstadt abtrennte? Genug damit. Lassen wir zum Schluß die Worte auf uns

wirken, die der Kreisausschuß des Kreises Meseritz in der Stunde des Abschieds im Januar 1920, als die neugezogene Grenze in Kraft trat, an seine ehemaligen Kreisbewohner richtete:

„An unsere deutschen Brüder und Schwestern im abzutretenden Gebiet des Kreises Meseritz... Wir Deutschen des Kreises Meseritz, mögen wir künftig diesseits oder jenseits der deutschen Grenzpfähle wohnen, wir gehören auf ewige Zeit zusammen.

Wir Glücklichen, die wir noch im deutschen Vaterlande leben dürfen, werden Euch stets eine Stütze sein, wo immer Ihr unsere Hilfe braucht. Das geloben wir Euch in dieser ernsten Stunde. Und an dieses Gelöbnis schließen wir die Bitte: Wahret auch Ihr Euer Deutschtum als Euer heiligstes Gut. Bleibt mit uns deutsch im Leben und im Sterben. *Der Kreisausschuß des Kreises Meseritz.*"

Der Name *Tirschtiegel* fiel bereits. Gemeint ist damit die „Rohrweidenstadt" an der Obra, ein verträumtes, reizvoll gelegenes Städtchen, das ab 1920 seinen Bahnhof im Ausland hatte. Eigentlich gab es ja zwei Tirschtiegels: eine *Altstadt* und eine *Neustadt,* die erst 1888 nach langem Hin und Her vereinigt wurden und zusammen (1939) 2218 Einwohner zählten.

Die Altstadt Tirschtiegel – kurz *Alt Tirschtiegel* – erscheint urkundlich zuerst 1253 und gehörte damals zu Schlesien. 1293 und 1319 war sie vorübergehend an Brandenburg verpfändet, seit ungefähr 1320 ist sie im Besitz Polens. Das kleine Städtchen, vorwiegend aus Holzhäusern erbaut, brannte oft ab – so 1655, nachdem die Schweden sie erst einmal gründlich ausgeplündert hatten. Bereits 1630 hatten sich hier evangelische Schlesier niedergelassen. Da sie in ihrer Heimat verfolgt wurden – in Deutschland wütete damals der Dreißigjährige Krieg – glaubten sie sich in dem seinerzeit in religiösen Dingen noch toleranten Polen sicher.

Sie gründeten etwas abseits von Tirschtiegel eine *Neustadt* mit regelmäßigem Grundriß und großem Marktplatz, die 1651 das magdeburgische Stadtrecht erhielt. Diese neue Siedlung entfaltete sich rasch, da sie von der adeligen Herrschaft, dem Grafen Szoldrski, gestützt wurde. Die kirchliche Versorgung wurde anfangs von Bauchwitz aus vorgenommen, später erfolgten die Trauungen und Taufen in der katholischen Kirche der Altstadt. Da das polnische Gesetz von 1712 den Protestanten den Bau eigener Kirchen verbot, konnten sie sich hier erst 1780 ein eigenes Gotteshaus erbauen, das im Jahre 1800 durch einen Neubau ersetzt wurde.

Dieser prachtvolle, geräumige Saalbau mit seiner spätbarokken Ausstattung und den zwei Emporen war eine Sehenswürdigkeit. War – muß man heute sagen, denn sie fiel nach 1945 einer Brandstiftung zum Opfer. Die traurige Regel: Gab es in einem kleineren Ort vor 1945 zwei Kirchen, eine evangelische und eine katholische, so erschien den Polen nach der Vertreibung der zumeist evangelischen deutschen Bewohner das evangelische Gotteshaus als überflüssig. Da ihrer Auffassung nach *keine wirkliche Kirche,* fiel es oft der Vernichtung anheim, selbst wenn es sich um ein bedeutendes Baudenkmal handelte. So ist die alte Holzkirche in Bauchwitz noch 1978 in Flammen aufgegangen, verschwand die eindrucksvolle Fachwerkkirche der deutsch-evangelischen Gemeinde Lewitz-Hauland jenseits der alten Grenze – die Reihe ließe sich beliebig fortsetzen.

In Tirschtiegel war die „Karschin" zu Hause. Die 1727 in Hammer bei Schwiebus geborene Dichterin des 18. Jahrhunderts *Anna Luise Karsch* wurde in Berlin viel bewundert und von Gleim sehr gefördert, der sie die „deutsche Sappho" nannte. Diese Frau hatte ein schweres Leben zu meistern. Dennoch verzagte sie nicht.

Herybert Menzel, der grenzmärkische Heimatdichter, kam hier zur Welt. In seinen Romanen „Umstrittene Erde" und „Der Grenzmarkrappe" schildert er Schicksale der Menschen in diesem umkämpften Land, das ihm auch zum Schicksal werden sollte: 1945 ist er als Volkssturmmann gefallen. Sein

Vater *August Menzel* kann als Chronist dieser Stadt gelten. Bekannt war der Tirschtiegeler *Korbweidenanbau,* der seit 1875 durch die Verarbeitung der Weidenruten zu Körben, Kiepen und Matten vielen Menschen Lohn und Brot gab. Früher wurde auch *Hopfen* gezogen, den gegen Ende des 18. Jahrhunderts böhmische Auswanderer mitgebracht hatten. Er hielt sich ab etwa 1890 nur noch im Neutomischeler Gebiet.

Die Kreisstadt *Meseritz* ist ein uralter Ort, der als Burgflekken schon gegen Ende des 10. Jahrhunderts bestand. Als Mezerici – zwischen den Flüssen – erwähnte Thietmar von Merseburg die hier befindliche Abtei, in der Kaiser Heinrich II. auf einem Feldzug gegen den Polenherrscher Boleslaw I. (Chrobry) die hl. Messe feierte. Sie wurde einer alten Überlieferung nach 997 gegründet, als Adalbert von Prag hier auf seiner Missionsreise ins Prußenland vorbeikam.

Um die Burg, später Sitz eines polnischen Kastellans, kämpften im 11. – 13. Jahrhundert Pommern und Polen; die schlesischen Piastenfürsten waren mit von der Partie. Sie waren es wohl, die hier noch vor 1248 eine Stadt anlegten, die das magdeburgische Recht erhielt und 1259 erstmals genannt wird. 1296 – 1319 gehörte sie zu Brandenburg, bis 1329 den Herzögen von Schlesien-Glogau, schließlich zu Polen – bis 1793.

Aus dieser Zeit blieb nicht viel, nur die beiden steinernen Bauten der Burg und der katholischen Kirche. Sie sind heute bestens restauriert – gelten sie doch als Zeugen der polnischen Vergangenheit dieser Stadt. Rathaus und evangelische Kirche, beides Gebäude aus der preußischen Zeit, sind wiederhergestellt und vermitteln ungefähr einen Eindruck, wie das Vorkriegs-Meseritz aussah: eine aufstrebende Kleinstadt, deren 12096 Einwohner als Beamte, Handwerker und Ackerbürger tätig waren.

Im nahen *Obrawalde,* der 1904 gegründeten Heil- und Pflegeanstalt der Provinz Posen, arbeiteten neben den Ärzten, Pflegern und sonstigen Helfern von 1919 bis 1928 die Beamten und Angestellten der Provinzialverwaltung Posens und später der Grenzmark, da die neuen Dienstgebäude in Schneidemühl erst gebaut werden mußten.

Einen Farbtupfer eigener Art findet man hart an der südwestlichen Grenze des Kreises: das *Kloster Paradies.* Bis heute ist die barocke Klosteranlage mit ihrer schönen zweitürmigen Kirche wohl das bedeutendste Baudenkmal im Meseritzer Land – die farbigen Abbildungen auf den Seiten 131 – 133 vermitteln einen Eindruck davon.

Es entstand durch eine hochherzige Schenkung des polnischen Wojewoden Bronisius, als dieser sein Stammgut Gostichowo an der Packlitz mit weiteren 9 Dörfern dem *Zisterzienserorden* zur Anlage eines Klosters überließ. *Lehniner* Mönche zogen hier 1234 ein. Bis 1832 bestand das Kloster fort, dann wurde es aufgelöst. Ein katholisches Lehrerseminar und eine Schule zogen ein. Nach dem letzten Kriege ist hier ein Priesterseminar eingerichtet worden.

Beschließen wir dieses Kapitel, welches das Land an der *Obra* behandelte, mit diesem Fluß, der oberhalb von Kopnitz eine Bruchlandschaft durchfloß und sich in zahlreiche Arme verzweigte. Die Schulkinder mußten sie früher lernen, was sie wohl nicht allzu gern taten:

De Obralängen weiß ich,
merk' ich mer nur de 30!
Für Faule Obra und Kanal
nimmst de de 30 bloß eenmal!
Für das trockne Obrabruch
legst dc nochmal 30 druff!
Von Koschmin bis Schwerin
legst de sechsmal 30 hin!
Elfmal 30 Bruchquadrat! –
Bums, jetzt weeßte de den Salat!

HALB MÄRKISCH – HALB SCHLESISCH

und ein bißchen grenzmärkisch... müßte man sagen, wenn man von den Kreisen *Züllichau-Schwiebus* und *Crossen* spricht. Eine verwickelte Territorialgeschichte haben diese beiden südöstlichen märkischen Verwaltungsbezirke, deren Grenzen teilweise bis ins Mittelalter zurückreichen. Es ist nicht ohne tieferen Sinn, wenn man feststellt, daß die *östliche* Begrenzung dieses Raumes die *jüngste* ist – die 1919 in Versailles gezogene *Reichsgrenze.*

Für den Historiker ist es eine Grundtatsache, daß sich die Historie größerer Räume neben deren Eigendynamik auch aus der *Geschichte der einzelnen Territorien* ergibt, aus denen sich größere Staatsgebilde zusammensetzen. Das gilt auch für die Mark Brandenburg, für Ostbrandenburg und für diesen hier gemeinten Raum an Oder, Bober und Obra.

Fünf einzelne kleinere Territorien sind es, die – wie Mosaiksteine zusammengesetzt – später die beiden Verwaltungseinheiten Züllichau-Schwiebus und Crossen ergeben. Im ersteren schwingt diese Unterschiedlichkeit, das Zusammenfügen mit, der zweite ist einheitlicher. Betreiben wir einmal etwas *historische Landeskunde:*

Da ist einmal das frühere *Fürstentum Crossen,* das nach 1150 ein eigenes Herrschaftsgebiet innerhalb des piastischen Schlesien war, 1339 mit diesem unter böhmische Lehnshoheit kam und im 14. Jahrhundert die Herrschaft Sommerfeld hinzuerwarb. 1482 wird es brandenburgisch, bleibt aber ein böhmisches Lehen, seit 1535 ist es ein Teil der Neumark (Züllichau und Umgebung als eigener Kreis). 1742 wird die böhmische Lehnshoheit aufgehoben und 1815 werden Rothenburg/Oder und seine Umgebung sowie Drehnow an Schlesien abgetreten.

Die *Herrschaft Sommerfeld* gehörte um 1200 zur Markgrafschaft Meißen, 1315 kam sie zu Brandenburg, von 1319 an abwechselnd zu Böhmen, Brandenburg, Meißen und Schlesien-Sagan, 1482 verbleibt sie mit Crossen bei Brandenburg (bis 1742 als böhmisches Lehen).

Das *Züllichauer Gebiet* wurde 1535 als eigener Kreis von Crossen getrennt, 1815 mit Schwiebus vereinigt (als Kreis „Züllichau-Schwiebus“) und erhielt 1938 den Nordteil des Bomster Restkreises zugewiesen.

Der ehemalige *Kreis Schwiebus* gehörte ebenfalls ab 1150 zum schlesischen Fürstentum Crossen, 1319 kurz zu Brandenburg, 1320 wieder zu Crossen, 1333–1339 war er polnisch, 1339 kam er mit diesem unter böhmische Lehnshoheit und war 1435–1467 an die Johanniter verpfändet. 1482 trennten sich die Wege von Schwiebus und Crossen: Schwiebus verbleibt bei Schlesien, das 1526 mit Böhmen und Mähren an die österreichische Ländermasse der Habsburger kommt; ab 1495 war es für lange Jahrzehnte verpfändet. 1686 erwarb es der Große Kurfürst von Brandenburg, 1694 gab es sein Sohn an Österreich zurück, dessen Enkel holte es sich 1742 wieder. 1815 wurde es erst innerhalb Preußens wieder der Mark Brandenburg zugelegt und mit dem Kreis Züllichau vereinigt.

Schließlich sei noch das *Bomster Gebiet* kurz skizziert: Auch dieser Raum gehörte um 1250 zum Herrschaftsbereich der schlesischen Piasten und wurde 1319 brandenburgisch, kam aber 1320 zu Schlesien-Glogau zurück. 1335 fiel es an Polen, 1793 kam es an Preußen und gehörte 1806–1815 zum Großherzogtum Warschau, 1815 wurde es erneut preußisch (Provinz Posen, 1922–1938 Provinz Grenzmark Posen-Westpreußen, 1938 Nordhälfte zum brandenburgischen Kreis Züllichau-Schwiebus, Südhälfte zu Schlesien).

Allen Territorien gemeinsam ist die polnische Herrschaft um das Jahr 1000 herum – und wieder die polnische Verwaltung seit 1945: Das Rad der Geschichte wurde um fast 1000 Jahre *zurück*gedreht...

Natürlich können diese Zahlen nicht die Buntheit der wirklichen Geschichte wiedergeben: So hat allein das Schwiebuser Land über zwanzigmal den Besitzer gewechselt, einmal mußte es – gerade erworben – als Tauschobjekt Friedrichs III.

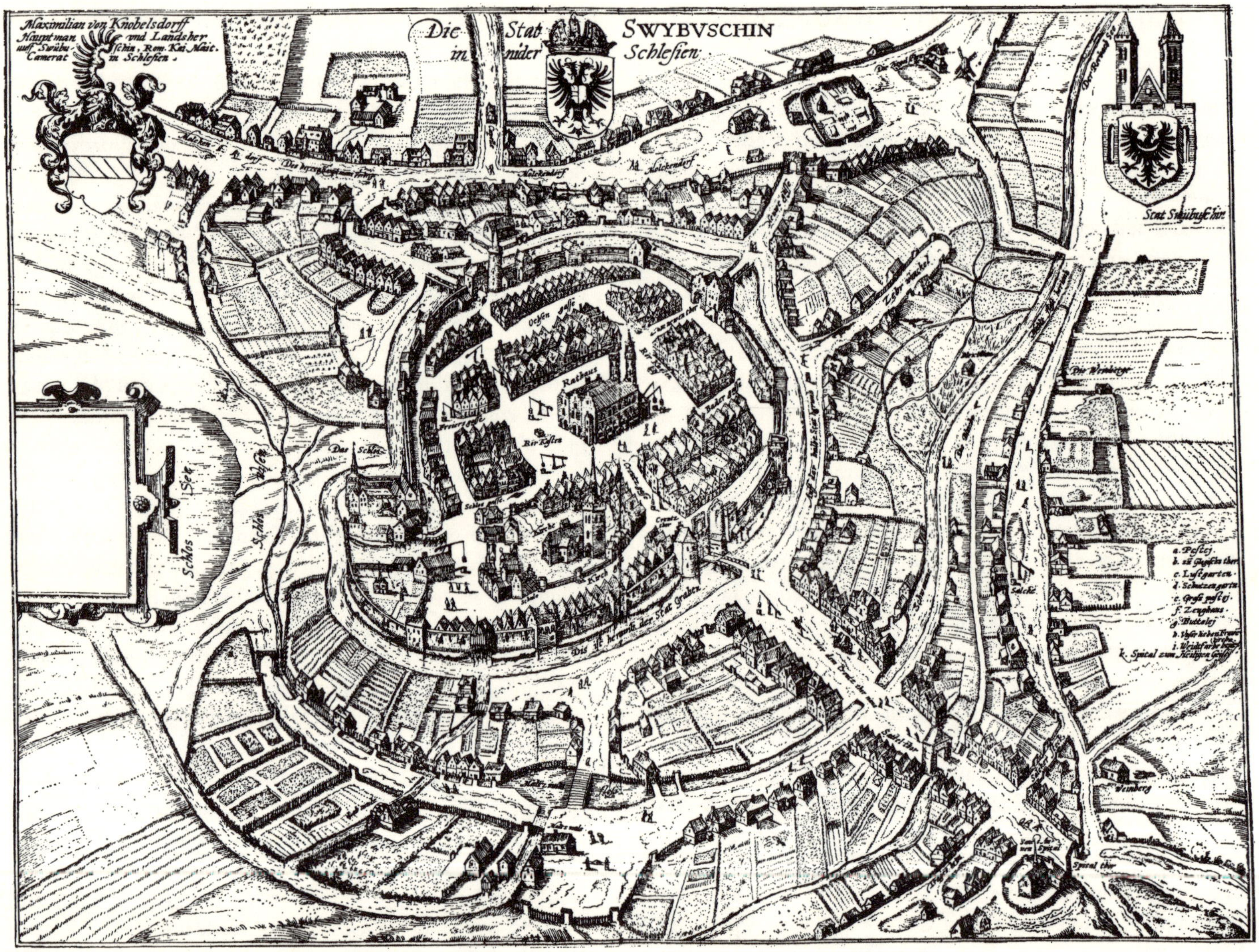

Vogelschau-Ansicht von Schwiebus (Braun-Hogenberg, 1574)

von Brandenburg zur Erlangung der preußischen Königskrone und zur Anwartschaft auf Ostfriesland herhalten. 1919 bildete sich im Bomster Kreis ein eigener Staat, der ein halbes Jahr lang sogar von Deutschland und Polen anerkannt wurde, die aus drei Dörfern bestehende Republik Schwenten – ein ostdeutsches Kuriosum.

IM MÄRKISCHEN SÜDOSTWINKEL
DER KREIS ZÜLLICHAU-SCHWIEBUS

Im Sommer sind sie wie andere Menschen
aus Schwiebus, Reppen oder Bentschen.

Mit diesen Zeilen aus dem Gedicht des „Sommer- und Winter-Geheimrats“ *Theodor Fontane* ist der Winkel zwischen den Provinzen Posen und Schlesien in die deutsche Literaturgeschichte eingegangen. Noch einmal greift der Wanderer durch die Mark Brandenburg Namen aus jener Gegend auf, als er in den „Irrungen, Wirrungen“ den alten Onkel des Helden Botho von Rienäcker charakterisiert: „...neumärkisch Blut und just in dem Winkel zu Hause, wo Bentsch, Rentsch, Stentsch liegen“ – lauter Reimwörter auf Mensch. Nun, dieser „Winkel“ ist der Kreis Züllichau-Schwiebus, der südöstlichste Landkreis der Mark Brandenburg, der seit 1938 eigentlich Kreis „Züllichau-Schwiebus-Bomst“ heißen müßte – nahm er doch noch den Nordteil des grenzmärkischen Restkreises Bomst in sich auf; die deutsche Sprache kennt zwar Doppelnamen, duldet aber keine Dreifachbildungen...

Aus *drei* Teilen also besteht unser Kreis, bedingt durch die historischen Schicksale: Da ist zuerst das Kerngebiet, der *Züllichauer Kreisteil* – einst zu den „inkorporierten“ Kreisen der Neumark gehörig, der früher schlesische *Kreis Schwiebus* und schließlich, wie schon gesagt, der grenzmärkische Bereich um *Bomst,* der aus den Restbeständen der alten Provinz Posen stammte. Drei Gebiete, und dreimal voneinander abweichende Wege der Geschichte, die erst ab 1742, dann 1815 und schließlich 1938 zu einer Bahn zusammenfließen sollten. Halb märkisch, halb schlesisch – im wahrsten Sinne des Wortes. Betrachten wir die drei Teile daher einzeln.

Der *Züllichauer Kreisteil* ist eigentlich nur ein Anhängsel des alten schlesischen Herzogtums Crossen gewesen, das 1482 zusammen mit diesem unter brandenburgische Lehnshoheit kam, es trennte das nördlich angrenzende schlesische Schwiebuser Gebiet vom eigentlichen schlesischen Kernland. Wenn man die Tatsache berücksichtigt, daß in der Mark Brandenburg seit 1540 die Lehre Luthers galt, im habsburgischen Schlesien jedoch im 17. Jahrhundert die Gegenreformation der alten Kirche wieder zu neuer Macht und weiter Verbreitung verhelfen sollte, und daß schließlich das östlich sich anschließende Polen, zu dem das Bomster Gebiet bis 1793 gehörte, nach anfänglicher Toleranz im 16./17. Jahrhundert ebenfalls der Gegenreformation Tür und Tor öffnete, wird man die exponierte Lage des Züllichauer Landes als *Hort und Zufluchtstätte evangelischen Glaubens* in jener Zeit begreifen.

Die Stadt Züllichau war im 18. Jahrhundert nicht nur ein evangelischer Vorposten in einem religiös-politischen Wetterwinkel, sondern auch ein geistig-geistlicher Mittelpunkt für die schlesischen Protestanten und die evangelischen Deutschen im Westen des alten Polen um Bomst, Wollstein und Meseritz. Sichtbarster Ausdruck dieser Seite im Buch der Geschichte der Stadt ist die *Steinbartsche Stiftung.*

Die Steinbartsche Stiftung in Züllichau um 1780

Ein Schneidermeister aus dem nahen schlesischen Grünberg war es, der vor den Bedrückungen der Katholiken aus seiner Heimat abwanderte, sich in Züllichau niederließ und 1719 hier ein Waisenhaus gründete. Als tiefgläubiger Christ hatte *Siegmund Steinbart* in seiner Jugend die 1695 in Halle gegründeten Franckeschen Anstalten kennengelernt und danach den Entschluß gefaßt, ein ähnliches Werk der Nächstenliebe zu errichten.
Die Anstalt wuchs und gewann hohes Ansehen, sie erhielt 1753 eine eigene Kirche, deren Gemeinde autonom war, d. h. nur dem Konsistorium in Berlin unterstand. Im Laufe der Jahre erhielt die Steinbartsche Stiftung eine Erziehungsanstalt, aus der sich ein „Königliches Pädagogium" mit Alumnat entwickelte, das später in ein *humanistisches Gymnasium* umgewandelt wurde und als eine der „Schulen von besonderer Bedeutung" in Preußen galt. Die Steinbarts bestimmten in sechs Generationen – bis 1928 – Wohl und Wehe dieser Anstalt und sorgten zusammen mit ihren drei Nachfolgern dafür, daß der gute Ruf der Anstalt bis in unsere Tage fortwirkt.
Dem Steinbartschen Waisenhaus war unter dem 9. November 1726 das Privileg erteilt worden, eine eigene *Buchdruckerei* und *Buchhandlung* zu betreiben, „weil in der Stadt

Alte Vorlaubenhäuser am Markt von Schwiebus

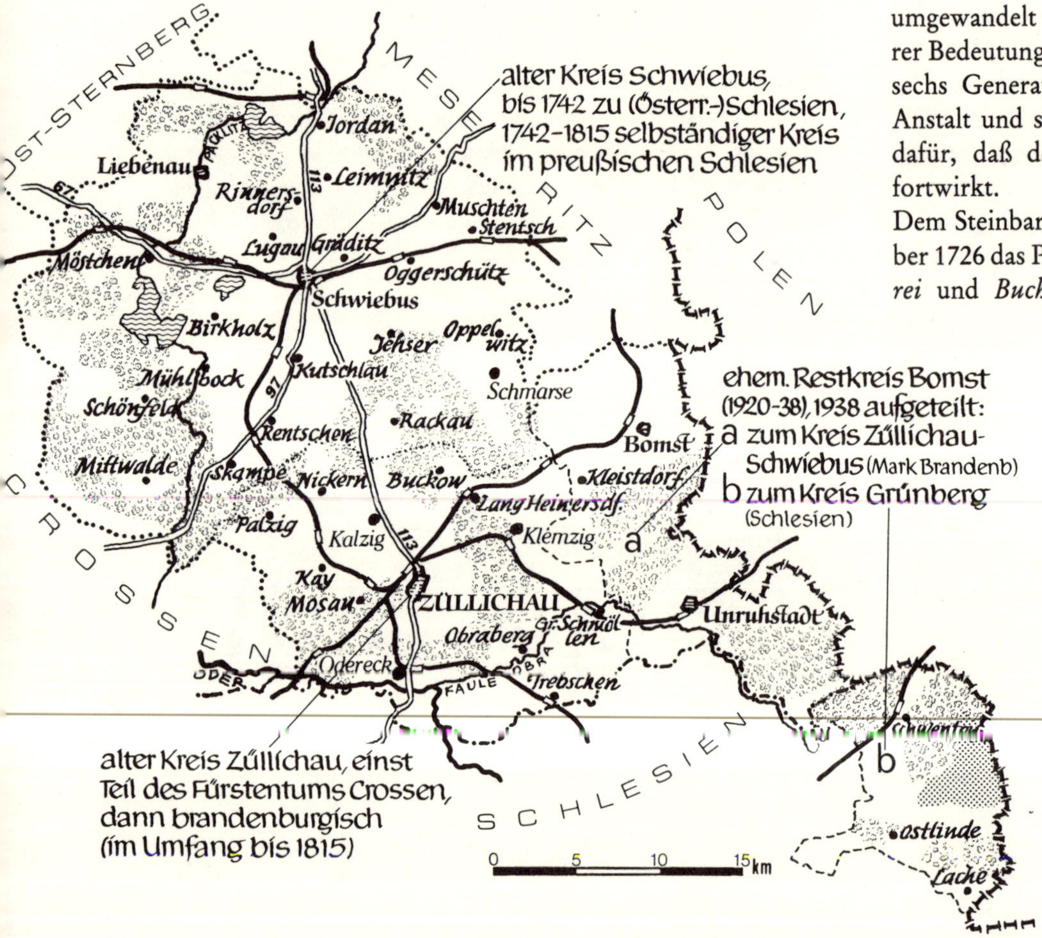

Übersichtskarte des Kreises Züllichau-Schwiebus

Züllichau bisher weder eine Buchdruckerei noch Buchhändler gewesen, solches aber wegen der nahe angrenzenden Polnischen und Schlesischen Gräntzen der Stadt nicht nur zum Aufnehmen, sondern auch dem Waisenhaus nebst Stadt und Land besonders zum Besten gereichen kann". Die Buchhandlung gründete *Gottlob Benjamin Frommann,* der 1727 die ersten Bücher verkaufte. Er stand wie sein Schwiegervater Siegmund Steinbart dem Pietismus nahe und gab Erbauungsschriften und Gesangbücher heraus. Der Enkel verlegte 1798 das Geschäft nach Jena, von wo es nach 1945 seinen Weg nach Stuttgart fand.

Überhaupt hat das Züllichauer Land viel mit Glaubensfreiheit zu tun: Da ist zum Beispiel der kleine Flecken *Trebschen,* hart an der schlesischen Grenze. Für evangelische Religionsflüchtlinge aus Schlesien entstand hier 1674 eine sogenannte „Grenzkirche", bei der zu Beginn des 18. Jahrhunderts der Besitzer des Ortes, der Kammerherr von Troschke, eine Siedlung anlegte, die 1707 den Namen *Friedrichshuld* und sogar Stadtrechte erhielt. Doch eine Stadt entwickelte sich hier nicht, wohl nicht zuletzt, weil 1742 mit der preußischen Besitzergreifung Schlesiens die Religionsfreiheit auch dort Einzug hielt.

Ein anderes Beispiel ist *Klemzig.* Als der preußische König Friedrich Wilhelm III. 1830 das lutherische und reformierte Bekenntnis in einer einheitlichen evangelischen Kirche (der „altpreußischen Union", wie sie später genannt wurde) vereinigte, stieß er bei einigen streng lutherisch gesinnten Geistlichen auf heftigen Widerspruch. Zu diesen „Altlutheranern" gehörte der damalige Klemziger Pastor *Kavel.* Ein märkischer Dickschädel, wie er es war, scharte er bald etwa 100 Gemeindemitglieder um sich und wanderte mit 100 weiteren Glaubensgenossen 1838 nach Australien aus, wo sie im Süden des Landes bei Adelaide das Dorf Klemzig gründeten und den Weinbau im fünften Erdteil einführten.

Womit wir von der ernsten Seite des Lebens zur heiteren gewechselt wären. Bei aller Frömmigkeit und ihrem Glaubensernst waren die Züllichauer doch keine Sauertöpfe, denn einen guten Tropfen wußten sie zu schätzen, besonders einen selbstgekelterten. Noch im vorigen Jahrhundert wurde an den nach Süden weisenden Oderhängen von Odereck (Tschicherzig) bis Obraberg (Padligar) *Wein* angebaut, ja selbst noch in der Bomster Gegend! Spötter haben sich über diesen „halben Essig" oft lustig gemacht, doch er war besser als sein Ruf. Erst die moderne Zeit mit ihren noch moderneren Erzeugungs- und Transportmethoden hat den Weinbau im Züllichauer Gebiet eingehen lassen; ihr ist nach dem Kriege auch der Grünberger Wein zum Opfer gefallen.

Kommen wir zum *Schwiebuser Kreisteil,* der – wie wir es ein paar Seiten vorher schon vernahmen – sich erst 1815 endgültig von Schlesien verabschiedete.

Vom Tuchweben lebten die Schwiebuser – im Mittelalter wie vor 1945. Um 1300 waren hier flandrische Tuchmacher eingewandert, schlichte, arbeitsame Leute, die ihr Handwerk verstanden und es ihren Kindeskindern vererbten. Die Fährnisse der Zeit überstand dieses „Gewerk" zwar immer wie-

An den Weinhängen bei Obraberg (Padligar)

der, doch die russische Zollschranke des 19. Jahrhunderts schloß den riesigen östlichen Absatzmarkt – neue Käufer mußten gefunden werden. Die Schwiebuser paßten sich an, die moderne Zeit mit ihrer Technik kam ihnen zu Hilfe: Ab 1842 entstanden die ersten Tuchfabriken mit Dampfmaschinen. Das alte, im Hause betriebene Handwerk blieb dabei auf der Strecke. Um 1925 gab es noch vier Betriebe mit rund 400 Arbeitern in Schwiebus. Sie gaben der (1939) 10432 Einwohner zählenden Stadt zusammen mit den Brikettwerken der Umgebung den Anstrich eines kleinen Industriegebietes.
Was die Industrie betrifft: Sie hatte eine bodenständige Grundlage – konnte sie doch auf einen „Schatz" im Boden

Bockwindmühle bei Bomst

bauen, der in der nahen Niederlausitz in großen Mengen vorkommt – die *Braunkohle!*
Seit vielen Jahrzehnten waren im Schwiebuser Kreisteil Lagerstätten dieses fossilen Brennstoffes aus dem Tertiärzeitalter nachgewiesen und hin und wieder abgebaut worden, so in den Bergen bei Radewitsch, dicht bei Züllichau und in Liebenau und Wutschdorf. Erhalten hatten sich nur die Tagebaue bei den letztgenannten Orten. Die Liebenauer Kohle wurde in der Brikettfabrik von Wilkau verarbeitet und deckte den Brennstoffbedarf der weiteren Umgebung. Die Wutschdorfer Kohlenwerke bildeten sogar eine eigene Gemeinde.
Es bleibt uns zum Schluß der *Bomster Restkreis,* der mit seiner anderen Art in den Osten weist, in die Provinz Posen. Von seinem schweren Schicksal war bereits die Rede, doch hart errungenes Land war es schon vor 1919/1920: Im 16. und 17. Jahrhundert hatten in diesem damals zu Polen gehörenden Grenzsaum viele evangelische Glaubensflüchtlinge aus Schlesien Zuflucht gefunden – adelige Grundherren gründeten Städte für sie, so entstanden Unruhstadt und die Bomster Neustadt.
1919 mußten ihre Nachkommen wieder um die Heimat kämpfen, denn die polnischen Aufständischen versuchten das ganze Posener Land in ihren Besitz zu bekommen. Die Schwentener im Süden des Bomster Kreises verfielen da auf eine originelle Idee: Um nicht von den Polen besetzt zu werden, erklärten die beherzten Leute sich in einer Gemeindeversammlung am 5. 1. 1919 zu einer unabhängigen neutralen „Republik Schwenten" mit „eigener Verwaltung und eigenem Militärschutz". Der Pastor Hegemann wurde Staatspräsident, der Gemeindevorsteher Drescher Innenminister und der Forstmeister Teske Kriegsminister. Die Polen und der deutsche Grenzschutz erkannten diesen Mini-Staat tatsächlich an. Am 10. August 1919, als die Gefahr vorüber war, erklärte er wieder seinen Anschluß an das Deutsche Reich. Ostmärkische Treue!

WO DER BOBER IN DIE ODER...
DER KREIS CROSSEN

Oft gedenk ich deiner,
kleine Stadt am blauen, rauhen Oderstrom,
nebelhaft in Tau und Au gebettet
an der Grenze Schlesiens und der Mark,
wo der Bober in die Oder,
wo die Zeit mündet in die Ewigkeit.

Diese Zeilen schrieb der unruhige Dichter des „Kreidekreises“, der 1890 in Crossen als Alfred Henschke geborene *Klabund* als Hymne an seine Vaterstadt nieder, die er nach seiner Schülerzeit nur noch selten sah und als schwer Lungenleidender in Davos, wo er bereits 1928, viel zu früh, starb. Der Kreis Crossen ist in vielfacher Hinsicht ein *Übergangsgebiet:* Geographisch reicht er in seiner nördlichen Hälfte auf die Sternberger Hochfläche hinauf, an deren steil abfallendem Südrand sich die Oder entlangschlängelt, während der Süden in die Sandergebiete der nordöstlichen Lausitz hineinreicht. Der Bober galt in alter Zeit als Westgrenze Schlesiens, so daß der Kreis auch in historischem Sinne einen Übergang vom brandenburgischen zum lausitzisch (-sächsischen) und schlesischen Herrschaftsbereich darstellt.
Geographische Leitlinien sind die Flüsse – einmal die ostwestlich dahinziehende Oder, zum anderen der von Süden hinzustoßende Bober, der sich bei Crossen mit der Oder vereinigt, ihr die Wasser des Riesen- und Isergebirges zuführend. Die Talränder beider Flüsse sind auch die Siedlungsbänder des Kreises, mit der Stadt Crossen als Mittelpunkt. Das übrige Land ist zumeist mit Wald bedeckt, der allein 50 v. H. des Kreisgebietes einnahm; in ihn sind die Dörfer vielfach als Rodungsinseln eingestreut.
Die Landwirtschaft spielte daher keine allzu bedeutende Rolle, wohl aber der Weinbau, der auf den nach Süden weisenden Berglehnen, dort, wo die Sternberger Hochfläche

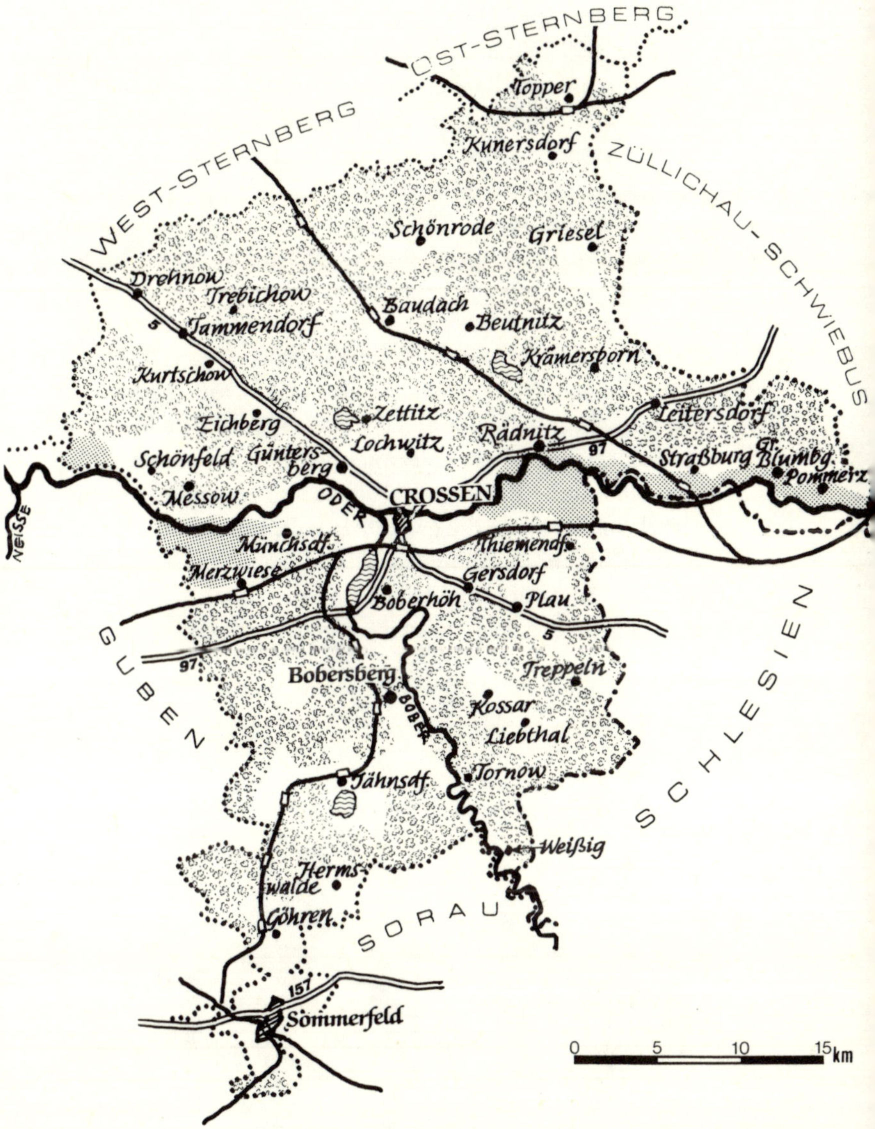

Übersichtskarte des Kreises Crossen

an die Oder stößt, durchaus trinkenswerte Erfolge zeitigte. Seit über 800 Jahren gedieh hier die Rebe, sie wurde bereits 1154 durch deutsche Einwanderer vom Rhein hierher verpflanzt und muß sich in den folgenden Jahrhunderten in dieser sommerwarmen Landschaft recht wohl gefühlt haben, denn vom Crossener Wein ist in alten Chroniken gern und oft gesprochen worden. Auch hier machte sich infolge der verbesserten Verkehrsverhältnisse gegen Ende des 19. Jahrhunderts der Konkurrenzdruck der west- und süddeutschen Weine zunehmend bemerkbar und sorgte für einen ständigen Rückgang des Crossener Weinbaues.

Wer *Crossen* früher gekannt hat, muß von dieser Stadt beeindruckt gewesen sein: Sie war eine vollendete Mischung aus schlesisch-barocker Verspieltheit und preußischer Klarheit – der große Brand von 1708 machte es möglich: Damals verzehrte das Feuer die ganze Altstadt, nur das durch einen Graben von ihr getrennte Piastenschloß und einige Hütten in den Vorstädten überstanden das Inferno. Nach einheitlichem Plan wurde die Stadt wieder aufgebaut, doch in barocken Formen – nordisch nüchterne Geradlinigkeit und schlesisch-südliche Formenfreude gingen eine besonders gelungene Symbiose ein: Die Stadt Crossen gehörte vor 1945 zu den schönsten Barockstädten im Osten Deutschlands; sie zählte (1939) 10794 Einwohner.

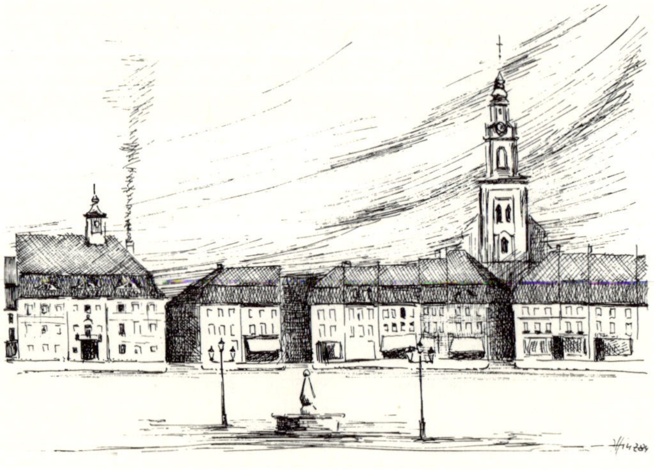

Am Marktplatz von Crossen/Oder

Bis 1945! Dieses Datum markiert auch hier, wie so oft im Brandenburger Land, den unerbittlichen Wendepunkt. Fast die gesamte Innenstadt, eben jenes preußisch-barocke Crossen, ging wiederum in den Flammen – des Siegers – zugrunde, doch wiederhergestellt wurde bis heute nur die Marienkirche; sie wacht nun einsam über einen toten Marktplatz, eine leere Stadt.

Im äußersten östlichen Zipfel des Kreises liegt am Nordufer der Oder das Dorf *Pommerzig.* Es hat durch seine Krebsmühle in der preußischen Rechtsgeschichte des 18. Jahrhunderts eine Rolle gespielt. 1770 hatte der Nachbar des Müllers *Arnold,* der Gutsherr v. Gersdorff, in unmittelbarer Nähe des Mühlenteiches einen Karpfenteich anlegen lassen, der der Mühle Wasser entzog. Nach Ansicht des Müllers wurde der Mahlbetrieb dadurch derart geschädigt, daß er die jährliche Erbpacht in Getreide dem Gutsherrn schuldig blieb. Daraufhin verurteilte das Patrimonialgericht des Grafen Schmettau den Müller zur Zahlung und ließ 1778 die Mühle versteigern. Der Müller stand mit seiner Familie auf der Straße, aber beugen ließ er sich nicht. Er rief den König um Hilfe an. Der Alte Fritz, mißtrauisch wie er in vorgerücktem Alter gegen seine Räte war, sah in dem Urteil eine Rechtsbeugung und verwies den Fall an das Berliner Kammergericht. Doch 1779 bestätigten dessen Richter das Urteil, worauf der König ergrimmt den berühmten Ausspruch tat: „Ein Justizkollegium, das Ungerechtigkeiten ausübt, ist gefährlicher und schlimmer wie eine Diebesbande". Er ahndete dieses „Fehlurteil" mit der Entlassung des Großkanzlers v. Fürst und des Landrats v. Gersdorff, die drei mit der Sache befaßten Kammergerichtsräte erhielten Festungshaft und dem Müller Arnold wurde die Mühle zurückgegeben.

Der Fall löste eine Justizkrise aus, da die anschließend

beauftragten Richter sich weigerten, die arretierten Kammergerichtsräte zu verurteilen; sie wurden durch den Justizminister v. Zedlitz und den Kriminalsenat gedeckt. Da aber der König deren Ungehorsam nicht ahndete, hatten sie ihre ausschließliche Zuständigkeit für Recht und Gesetz gegenüber dem Monarchen durchgesetzt: Ein wichtiger Schritt Preußens auf dem Wege zum *Rechtsstaat* war getan, doch der Ruhm blieb dem König – in ganz Europa feierte man ihn in Kupfern und Berichten als den „Salomo des Nordens".

Auf der Landkarte sieht der Kreis Cossen aus, als stünde er auf einem Bein: Dieses Bild ist nicht nur der Form nach, sondern auch im weiteren Sinne richtig; denn dieses „Bein" ist die Stadt *Sommerfeld* – die zweitgrößte und wirtschaftlich bedeutendste des Kreises.

Mit einem schmalen Zipfel reicht sie weit in das Gebiet der Niederlausitz hinein, zu der sie einst gehörte. Die Kreisgrenze umschloß die Stadtgemarkung fast völlig, nur im Norden bei Leuthen blieb der Zusammenhang mit dem übrigen Crossener Kreisgebiet gewahrt. Diese Verbindung bestand schon seit 1482, als nach dem Glogauer Erbstreit das Fürstentum Crossen mit der Herrschaft Sommerfeld von Schlesien gelöst und von den brandenburgischen Kurfürsten erworben wurde. Hier, wie so oft im deutschen Osten, lebten die alten Territorialverhältnisse des Mittelalters noch in den Kreisgrenzen fort – vielfach bis 1945. Vorher war das damals kleine Sommerfeld häufig umkämpft: Bis 1315 gehörte der wohl um 1200 von Markgraf Dietrich gegründete Ort zur Markgrafschaft Meißen, später stand er abwechselnd unter brandenburgischer, böhmischer, meißnischer und schlesischer Herrschaft.

Ein guter toniger Boden ließ im ausgehenden Mittelalter die Töpferei aufkommen, zu der im 15. Jahrhundert noch der Weinbau trat – doch das war es nicht, wovon die Sommerfelder Bevölkerung vor dem letzten Weltkrieg lebte. Das wirtschaftliche Bild der Stadt prägten die vielen *Tuchfabriken.* Die entwickelten sich im vorigen Jahrhundert aus der althergebrachten Tuchmacherei – nachdem 1846 die direkte Verbindung von Berlin nach Breslau über Sommerfeld geführt wurde. Sogar nach Nordamerika ging Sommerfelder Tuch um 1900, bis der Erste Weltkrieg deutliche Bremsen ansetzte, was sich an den Einwohnerzahlen ablesen läßt: 1900 wurden 11913 Einwohner in Sommerfeld gezählt, 1939 waren es nur noch 10752.

An der Krebsmuhle bei Pommerzig

In dem 1307 qkm großen Kreis Crossen lebten vor dem Kriege 61666 Bewohner, die auf 92 Landgemeinden und drei Städte verteilt waren. Die Kreisstadt und Sommerfeld haben wir schon kennengelernt, über die dritte, *Bobersberg,* bleibt nicht viel mehr zu sagen, als daß es einst ein blühendes Töpfer- und Schuhmachergewerbe aufwies und sich schwer tat, seine 1000 Einwohner zu halten: 1939 gab es gerade 1267 Bobersberger.

DIE NORDÖSTLICHE NIEDERLAUSITZ

Mit dem Kreis Sorau und dem Ostteil des Gubener Landes reicht sogar ein Stück der Niederlausitz in das heute polnisch verwaltete Ostbrandenburg hinein – Gebiete, die zuletzt vor bald 1000 Jahren kurzfristig unter polnischer Herrschaft standen und seither in engem Verbund mit Sachsen, Böhmen und Brandenburg ihren geschichtlichen Weg gingen.

Mit der Lausitz betreten wir neben Schlesien, dessen Einfluß in dem vorigen Kapitel kurz sichtbar wurde, eine weitere deutsche Kulturlandschaft, die jedoch im Gegensatz zum Land an der oberen Oder nie die Kraft besaß, ein politisches Eigenleben zu führen. Die Lausitz, vom sorbischen Wort *Łuzica* = Sumpfland abgeleitet, ist ursprünglich nur mit der Niederlausitz identisch gewesen, die im Mittelalter durch die hier häufig sehr breiten und wasserreichen Urstromtäler – man denke an den Spreewald – geprägt war. Daneben geben flache, aus Flugsanden aufgebaute Heidegebiete und niedrige Höhenzüge – Reste eiszeitlicher Stillstandslagen – wie der Fläming und der Niederlausitzer Landrücken dieser Landschaft ihr Gesicht.

Diese auf die Niederlausitz zutreffende Charakterisierung (die ganz anders geartete Oberlausitz soll hier unbeachtet bleiben) läßt sich durch die Feststellung ergänzen, daß Ackerbau und Viehzucht es auf den ärmlichen und sumpfigen Böden schwer hatten. Zur Entwicklung eines wohlhabenden Bauernstandes ist es nur an wenigen Stellen, meist im Süden, gekommen.

Sicher ist dem Leser schon das Stichwort eingefallen, das anscheinend untrennbar mit dieser Landschaft verbunden ist: Die *Wenden* des Spreewaldes. Sie sind der letzte Rest der slawischen Bevölkerung dieses Gebietes, die nach der Zeit der Völkerwanderung in den von den germanischen Völkern der Semnonen und Burgunder verlassenen Raum nachrückten. Doch der Begriff Wenden ist bei den mittelalterlichen Deutschen der *Sammelname* für die *Slawen* (ob er etymologisch mit den germanischen Wandalen, die auch östlich der Franken und Sachsen wohnten, zusammenhängt, ist umstritten). Sie bezeichneten damit ebenso die Polaben im östlichen Holstein bis in die nördliche Mark Brandenburg, die Pomoranen in Pommern und Pommerellen als auch die Sorben zwischen Elbe und Bober.

Ein anderes Stichwort sei noch kurz gestreift: die sog. *Lausitzer Kultur.* Diese Kulturgruppe aus der Bronzezeit wurde wohl von den Illyrern getragen, die über eine mächtige Stammesorganisation verfügten, denn sie konnten sich in den zahlreichen Kämpfen gegen Germanen und Skythen Dank der vielerorts nachweisbaren Wallburgen lange behaupten. Keineswegs aber ist diese Kultur die Vorläuferin des Slawentums (also auch nicht der Sorben), wie es polnische Forscher behaupten.

Damit wäre der *eigentliche Name* dieses Volkes genannt, das heute noch in zwei kleinen, voneinander verschiedenen Gruppen sprachlich lebt, kulturell aber weitgehend dem umgebenden Deutschtum angepaßt ist: Es sind zum einen die teilweise katholischen *Obersorben* aus der Gegend um Bautzen in der Oberlausitz, zum anderen die evangelischen *Niedersorben* im Spreewald und um Cottbus. Ihre Zahl ist zwischen 1849 und 1925 stark zusammengeschmolzen: von 140000 auf 71000; die im letzteren Jahr Gezählten verstanden darüber hinaus zu 92 v. H. Deutsch. Genauere Angaben aus der Gegenwart gibt es nicht, die DDR hat bisher trotz ihrer kulturellen Förderungsmaßnahmen keine konkreten Zahlen veröffentlicht. Von 50000 – 60000 Sorbischsprechenden auszugehen, scheint daher heute realistisch zu sein.

In unser Gebiet, d. h. in die nordöstliche Niederlausitz, reichte im 20. Jahrhundert das Wendentum nicht mehr hinein. Doch erinnern noch zahlreiche Spuren daran, wie die vielen sogenannten *Wendischen Kirchen.* Das sind Gotteshäuser, in denen noch, solange es Wenden gab, in ihrer Muttersprache gepredigt wurde, meist bis zur Einführung der allgemeinen Schulpflicht in Preußen. Der deutsche Schulunterricht hat bald die Zweisprachigkeit gefördert und schließlich dem Hochdeutschen den alleinigen Vorrang gegeben. In ihren malerischen bunten Trachten lebten sie noch lange als Gruppen eigenständigen Volkstums weiter – im Gubener Gebiet westlich der Neiße in Horno, östlich davon im „alten Land" bei Nieder Jeser im Kreis Sorau.

Der Name der Lausitz hing, wie gesagt, ursprünglich allein an der Niederlausitz; die Oberlausitz wurde im Mittelalter als *Land Bautzen-Görlitz,* danach als Gebiet der „Sechsstädte" bezeichnet. Zwischen 928 und 963 gliederten Heinrich I. und Otto der Große sie in das System der östlichen Grenzmarken ein. Im Gegensatz zum Gebiet der Polaben wurde sie 983 nicht von dem großen Slawenaufstand erfaßt, der das ottonische Markensystem und die Christianisierungsversuche in Mecklenburg, Vorpommern und im nördlichen Brandenburg zusammenbrechen ließ. 1156–1304 stand die (Nieder-) Lausitz als eigene Markgrafschaft unter der Herrschaft der *Wettiner* der Mark Meißen. Ihnen ist auch das Kolonisierungswerk im 13. Jahrhundert zuzuschreiben, in dessen Zusammenhang z. B. 1235 Guben gegründet wird.

Die Grenzen der Lausitz bildeten sich schon in jener Zeit heraus, hauptsächlich gegen Schlesien blieben sie bis 1815 unverändert bestehen (an Bober und Queis), gegen die Mark Brandenburg gaben sie im Laufe der Zeit etwas nach (Cottbus, Sommerfeld, Beeskow und Storkow mußten im 15./16. Jahrhundert an den Hohenzollernstaat abgetreten werden). Zeitweilig gelang es den brandenburgischen Markgrafen sogar, die Lausitz selbst unter Kontrolle zu bringen (1304–1324). Das Land Bautzen-Görlitz war sogar schon 1253 in den Besitz des tatkräftigen Hauses der Askanier gekommen, ging aber an Böhmen verloren.

Die Bindung an *Böhmen* sollte, wie für Schlesien, für Jahrhunderte diesem Land zum Schicksal werden. Nach einem kurzen sächsischen Zwischenspiel (1324–1329) war die Niederlausitz 1368 an Böhmen gefallen, das zu jener Zeit unter dem Lützelburger Karl IV. den Mittelpunkt des Reiches ausmachte und sogar nach Brandenburg griff. Nach einigem Hin und Her im 14. und 15. Jahrhundert kamen die beiden Lausitzen – seit dem 15. Jahrhundert sprach man auch von der Oberlausitz – schließlich zusammen mit Böhmen, Mähren und Schlesien 1526 an den *Habsburger*staat.

In 109 Jahren erlebte die Lausitz Reformation und Gegenreformation, das ganze Elend der deutschen religiösen Zwietracht. Als sie 1635 schließlich an *Kursachsen* fiel, mußte der sächsische Kurfürst versprechen, die bis dahin gezeigten Ergebnisse zu respektieren – dieser Tatsache verdankt das Kloster Neuzelle sein Überleben; daher gibt es katholische Sorben in der Oberlausitz. Doch die große Masse der Bevölkerung blieb *evangelisch.*

Im 18. Jahrhundert war die Lausitz oft zum Aufmarschgebiet sächsischer und preußischer Heere geworden, wechselte jedoch erst 1815 den Besitzer, als die ganze Niederlausitz an *Preußen* fiel (Provinz Brandenburg) und dazu die halbe Oberlausitz, die mit Schlesien vereinigt wurde.

Das 19. Jahrhundert ließ unter preußischer Herrschaft die beiden Begriffe entwickeln, für die die Niederlausitz heute bekannt ist: die *Textilindustrie* und den *Braunkohlenabbau.* Der Gewerbefleiß niederlausitzer Tuchmacher führte zu einem raschen Aufblühen dieser Branche in Guben, Spremberg, Sommerfeld, vorwiegend jedoch in Forst, das zeitweise Weltgeltung erlangte. Eisenbahnbauten und größer werdende Tagebaue veränderten das Landschaftsbild und verwandelten diese bisher vernachlässigten Landstriche in ein bedeutendes Wirtschaftsgebiet.

Der Zweite Weltkrieg mit seinen unseligen Folgen hat den Nordosten der Niederlausitz abgetrennt, Städte an der Neiße wie Guben und Forst zum Torso gemacht und es seiner deutschen Bevölkerung entblößt, die zum Teil wendisch, aber nie polnisch war. Es ist altes, vom *mittleren Deutschland,* von Ober-Sachsen her geformtes Kulturland, ein Übergangsgebiet zwischen diesem und Schlesien, zwischen Brandenburg und Böhmen.

AN ODER UND NEISSE
DAS GUBENER LAND

Die Neiße teilt in ihrem nördlichen Abschnitt kurz vor ihrer Mündung in die Oder das Gubener Land: Etwa 57 Dörfer kommen östlich zu liegen. Dieser Winkel zwischen beiden

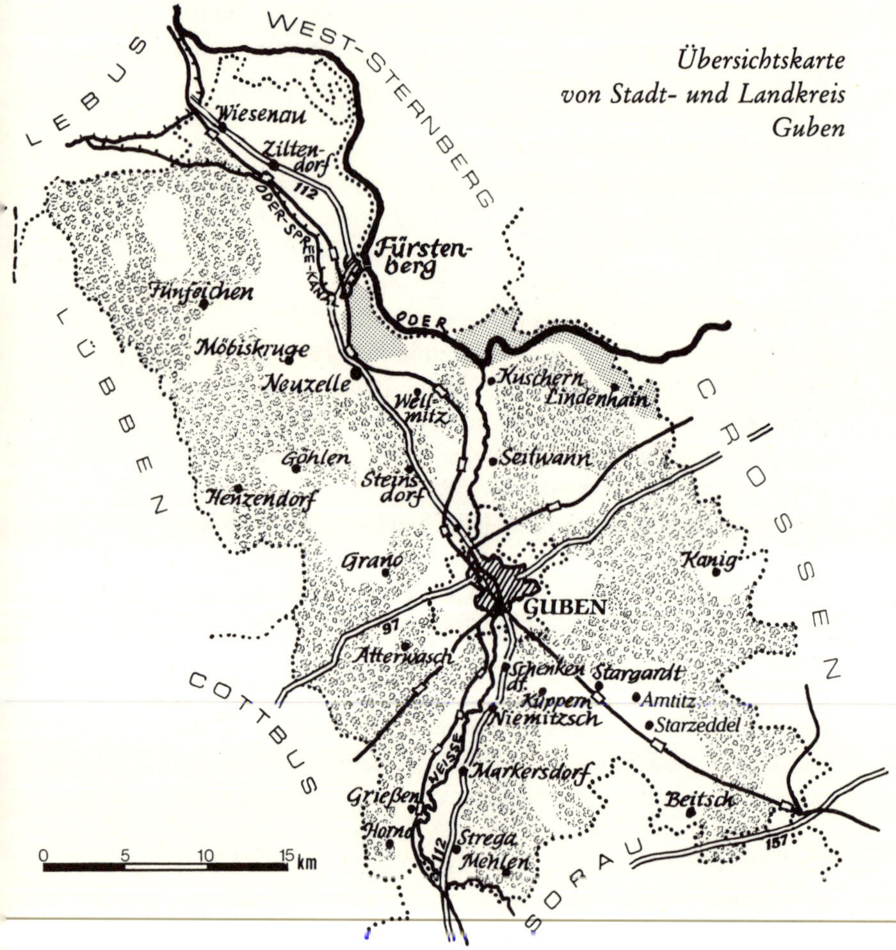

Übersichtskarte von Stadt- und Landkreis Guben

Flüssen steht heute unter polnischer Verwaltung, es ist das östliche Vorland der Kreisstadt Guben – 472 qkm groß und 1939 mit 16013 Einwohnern. Wir wollen es im Geiste durchwandern, an einigen besonders interessanten Stationen des Weges haltmachen und zuhören, was das Land und seine Geschichte erzählen.

Da ist zuerst *Schiedlo.* Ein eigenartiges Schicksal hat dieses Dorf gehabt. Es ist der einzige Ort der Niederlausitz am östlichen Oderufer, wo sich in einer Flußschleife gegenüber der Neißemündung im 13. Jahrhundert ein Burgwall erhob, der zu jener Zeit Sitz einer Kastellanei war, die damals noch zu Schlesien gehörte. Als sich seit 1249 die schlesischen Herzöge Boleslaw II., der Kahle, und Heinrich III. von Breslau um die Teilung ihrer Lande stritten, rief letzterer den Markgrafen Heinrich den Erlauchten von Meißen um Hilfe an und versprach ihm die Burg Schiedlo.

So ist Schiedlo mit seinem zugehörigen Land an die zu Meißen gehörende Lausitz gekommen – und ist es bis 1945 geblieben. Ab 1316/1317 war es im Besitz des Klosters Neuzelle, das es als Stiftslehen jahrhundertelang an verschiedene Adelsfamilien vergab, zuletzt bis zur Säkularisierung an die v. Löben.

Als einst befestigter Ort an einem günstigen Oderübergang hat Schiedlo viel Waffenlärm erlebt, verstärkt zu jener Zeit, als die Kurfürsten von Sachsen nicht nur Markgrafen der Nieder- und Oberlausitz, sondern dazu Könige von Polen waren – also gegen Ende des 17. und zu Beginn des 18. Jahrhunderts, zumal im Nordischen Krieg. Im Jahre 1700 setzten von Wellmitz aus vier Regimenter Infanterie und eines der Kavallerie über, um mit dem sächsischen Kurfürsten nach Riga zu ziehen; 1704 wurde hier eine Schiffsbrücke gebaut, auf der das sächsische Heer die Oder überquerte. Noch einmal, 1709, zogen hier Soldaten über den Strom. Auch im Siebenjährigen Krieg spielten die Schanzen von Schiedlo eine Rolle, so daß sie in den Friedensverträgen von Dresden (1742) und Hubertusburg (1763) Preußen zugesprochen wurden, doch erhielt dieses sie erst 1815, zusammen mit der ganzen Niederlausitz. Damit blieb Schiedlo auch beim Kreis Guben, dessen Nord- und Ostgrenze bis 1815 der alten kursächsisch-preußischen Grenze entsprach.

Die neuere Zeit hat es mit dem historischen Ort weniger gut gemeint – die vielen Hochwässer der Oder und Eisstaus zerstörten häufig die Deiche und spielten Schiedlo übel mit; daher veranlaßte die preußische Regierung die Umsiedlung der Bewohner, die bis 1908 abgeschlossen war.

Ein Dorfschicksal nur, eines unter hunderten, tausenden, doch ein typisches: Krieg und Frieden, Herrschaftssitz und Bauerndorf, Kirche und Staat, Mensch und Natur – alles wirkte in 700 Jahren auf diesen Ort ein, bis er in unserem Jahrhundert den Naturgewalten schließlich erlag.

Südwärts, nach Kuschern und Seitwann, erreichen wir nach knapp 15 km die Kreisstadt *Guben.* Malerisch liegt sie am Fuße ausgedehnter Weinberge, die aber im vorigen Jahrhundert in zunehmendem Maße mit Obstbäumen bepflanzt wurden. Zur Blütezeit im Frühling herrschte in den Gubener Bergen ein ähnliches Treiben wie im brandenburgischen Werder bei Potsdam, dem Alten Land bei Stade oder an der Bergstraße. Der Gubener Wein galt früher als guter Tropfen, er hatte im Mittelalter einen hervorragenden Ruf – so ist 1420 einer der Rostocker Weinkeller als „Gubynscher Keller" bezeugt –, aber er konnte sich gegen die Mosel-, Franken- und Badener Weine nicht behaupten, die seit 1846 so leicht mit der Bahn herangeschafft werden konnten.

Die *Eisenbahn* ist ein wichtiges Stichwort in der Geschichte der Stadt Guben. Zwei bedeutende Hauptbahnen kreuzen sich hier: die Berlin – Breslauer Bahn und die Strecke von Leipzig – Cottbus über Crossen nach Neu Bentschen – Posen. Grund genug, daß sich im vorigen Jahrhundert die seit dem Mittelalter betriebene Tuchmacherei zur *modernen Textilindustrie* wandelte – begünstigt durch das wirtschaftspolitisch bessere „Klima" in Preußen, zu dem Guben seit 1815 gehörte.

Der Übergang zur fabrikmäßigen Herstellung von Tuchen geht vorwiegend auf den englischen Industriellen *Cockerill* zurück, der neben anderen Anlagen hier eine mechanische Spinnerei einrichtete und dabei als erster eine Dampfmaschine verwendete – so konnte er die übrigen Fabrikanten mit Garn beliefern. Bis zum Jahre 1866 waren 17 Tuchfabriken entstanden, die sich in der Folgezeit zur Großindustrie weiterentwickelten.

Die Gubener waren gut „behütete" Leute; denn jeder dritte in Deutschland hergestellte *Hut* kam aus dieser Stadt. Guben und Luckenwalde erbrachten zusammen sogar einen Anteil von drei Vierteln an der Produktion dieses Industriezweiges, der von dem Unternehmer *Carl Gottlob Wilke* begründet worden war. Die Berlin-Gubener Hutfabrik war eine Weltfirma, deren Erzeugnisse man sogar in der osmanischen Türkei trug: Die roten Türkenfeze wurden meist in Guben hergestellt; erst ihre Abschaffung durch Atatürk im Jahre 1926 machte sie buchstäblich zu alten Hüten...

Die Stadt war durch die Textilindustrie und den *Obst-* und *Gemüsebau* (jährlich wurden etwa 10000 t per Bahn verfrachtet) wohlhabend geworden und konnte sich seit 1874 ein eigenes *Theater* leisten, das in hübscher Lage auf der Neißeinsel entstand.

Oft hat das im Jahre 1235 mit dem Magdeburger Stadtrecht begabte Guben im Mittelalter zusammen mit der Niederlausitz seinen Landesherrn gewechselt – wir haben es bei der Betrachtung dieser Landschaft schon erwähnt. Krieg und Zerstörung suchten sie zwar auch oft heim, doch das Schicksal des Jahres 1945 findet in der Geschichte der Stadt nicht seinesgleichen. Vom 1. März bis zum 20. April 1945 bildete Guben einen Brückenkopf, den die Wehrmacht hartnäckig gegen die Rote Armee verteidigte. Die östlich der Neiße liegende Altstadt wurde dabei *völlig zerstört.*

Die Vereinbarungen von Potsdam sahen bekanntlich die Unterstellung des östlich von Oder und Neiße gelegenen deutschen Gebietes unter polnische und sowjetische Verwal-

tung vor. Daß an diesen Flüssen Städte liegen, die jeweils über den Strom auf das andere Ufer hinübergreifen, beachteten die „Großen Drei“ überhaupt nicht, ebensowenig interessierte es sie, daß die neue Demarkationslinie damit Städte teilte, willkürlich zerriß. Die anschließend vorgenommene Vertreibung der deutschen Bevölkerung aus dem Ostteil und ihre Aufnahme in dem westlich von Oder bzw. Neiße gelegenen Stadtteil – in Guben ist es das aus der Klostervorstadt hervorgegangene *Bahnhofsviertel* – schaffte große Wohnungs- und Beschäftigungsprobleme.
In dem seit 1884 kreisfreien Guben mit seinen (1939) 45773 Einwohnern lebten damals 29773 Personen östlich der Neiße; sie mußten nach 1945 im Westteil der Stadt aufgenommen werden, dessen Einwohnerzahl damit von 16000 (1939) auf 25297 Personen (1946) anstieg. Diese „Rumpfstadt“ hatte man nun zu entwickeln, zumal sie auch noch Kreissitz blieb. Ein seit 1960 errichtetes Chemiefaserkombinat und neue Wohnsiedlungen, so im Ortsteil Sprucke, geben der heute 36000 Bewohner zählenden „Wilhelm-Pieck-Stadt Guben“ das Gepräge.
Damit haben wir wieder ein Stichwort genannt, ein pikantes zugleich: *Wilhelm Pieck*. Der Altkommunist und „erste Präsident der DDR“ wurde 1876 in der heute polnischen *Altstadt* von Guben geboren. Schwer tut man sich auf beiden Seiten mit dieser Tatsache: Das sozialistische Bruderverhältnis und die „Ewigkeit der Oder-Neiße-Friedensgrenze“, die man am liebsten auch noch nach rückwärts in die Geschichte hinein fortschreiben möchte, stoßen sich an einem Deutschen, einem linientreuen Kommunisten obendrein, der – auf der *falschen* Seite zur Welt kam.
Während die seit 1961 so bezeichnete „Wilhelm-Pieck-Stadt Guben“ (man beachte, daß der alte Ortsname *neben* dem Zusatz weitergeführt wird) ein neues modernes Stadtzentrum erhielt und voller Leben ist, ist das polnische „Gubin“ eine tote Stadt. Der Wiederaufbau hat kaum begonnen, die große Stadtkirche in der leeren Altstadt ist immer noch eine Ruine; und doch drängen sich hier schon wieder 16700 Einwohner zusammen...
Wir verlassen die schwer gezeichnete Stadt am Werdertor und wenden uns auf der Forster Straße *Schenkendorf* zu, einem einstigen Städtchen mit Schloß, das wohl schon im 13. Jahrhundert von den Schenken v. Landsberg begründet wurde. Im 15. Jahrhundert hauste hier der Raubritter Friedhelm v. Wesenburg, bis ihm 1479 König Matthias das blutige Handwerk legte. Später erwarb die Stadt Guben den umfangreichen Besitz, übernahm sich aber dabei und mußte ihn schließlich an die v. Köckritz veräußern. 1523 kaufte der Johanniterorden Schenkendorf und richtete hier ein Ordensamt ein, das bis 1811 bestand. Geblieben ist die reizvolle Rundkirche aus Fachwerk, die wir auf Seite 157 bewundern können.
Etwas weiter südlich liegt *Niemitzsch* – merkwürdig durch sein Alter und seinen Namen. Es ist der Mittelpunkt des sogenannten „Heiligen Landes“, eines Landstrichs, der als Schenkung des Markgrafen Gero im Jahre 1000 an das von seiner Familie gestiftete Kloster Nienburg an der Saale gelangt war. Dieses „Gut der Heiligen“ – so erklärt sich der Landschaftsname – bestand aus dem Burgwardium (Kastellanei) Niemitzsch. Sein ihm von den Wenden verliehener Name – Niemitzsch/Niemci = Deutsche – weist vermutlich auf eine frühdeutsche Burganlage hin, die später im 11./12. Jahrhundert als fester Ort von Bedeutung war – wenn nicht sogar hier der vorslawischen germanischen Bevölkerung Erwähnung geschieht. Bodenfunde weisen genug auf die Zeit vor der Völkerwanderung hin. Bis ins vorige Jahrhundert bewahrte die einstige Burgwardpfarre Niemitzsch etwas von ihrem Mittelpunktscharakter: 14 Dörfer waren damals noch nach hier eingepfarrt.
Immer, wenn Not und Krieg heraufzogen, haben die Menschen das Wertvollste ihrer Habe zu verstecken gesucht, es oft dabei dem Boden anvertraut. So ist es 1945 gewesen, weil viele glaubten, „bald zurückzukehren“ – so war es schon in

alten Zeiten. Gelegentlich läßt sich die Erde etwas von diesen Schätzen entreißen, die wir im Museum bestaunen können. Einen der kostbarsten vorgeschichtlichen Funde der Niederlausitz machte man 1882 beim Ackern in der Gemarkung des Dorfes *Vettersfelde*. Es war die Prachtrüstung eines vornehmen skythischen Reiters und seines Pferdes, die einige Jahrhunderte vor Christi Geburt an der Schwarzmeerküste von Griechen hergestellt worden waren. Dieser wertvolle Fund weist zusammen mit Pfeilspitzen, die man bei Striegau in Schlesien, Witzen (Kreis Sorau) und im nahen Niemitzsch gefunden hat, auf einen Einbruch der Skythen gegen Ende des 6. Jahrhunderts v. Chr. hin, der sich gegen die Träger der Lausitzer Kultur richtete. Den Fund von Vettersfelde bewahrt heute das Antikenmuseum in West-Berlin; im Gubener Heimatmuseum befand sich früher eine Nachbildung.

In *Amtitz,* jenseits der Berlin – Breslauer Bahn, konnte man bis zum Kriegsende einen der eindrucksvollsten Herrensitze der Niederlausitz bewundern, an denen der Osten früher so reich war. Er war Sitz einer Standesherrschaft, die seit der Mitte des 17. Jahrhunderts dem Geschlecht von *Schönaich-Carolath* gehörte. Ein breit hingelagertes Torgebäude, das von einem schönen Wappen aus Sandstein bekrönt wird, ein grüner Park, der eine mächtige Schloßanlage von späten Renaissanceformen umgibt, ein paar hübsche Putten in einem französischen Garten – doch, es war einmal. Der letzte Krieg hinterließ nur Ruinen. Heute erinnert nicht mehr viel an die Schönaich-Carolaths – außer ein paar Grabplatten in der Schloßkirche –, auch nichts mehr an den „roten Prinzen" Heinrich Ludwig Ferdinand zu Schönaich-Carolath, der von 1881 – 1918 als Abgeordneter der Nationalliberalen im Deutschen Reichstag für Furore sorgte.

Wir müssen noch *Starzeddel* erwähnen, dessen Kirchturm in die Zeiten zurückreicht, als hier um 1228 die Zisterzienser ein Kloster gründen wollten. Man sagt, daß sie aufgaben, weil es ihnen hier an der notwendigen Fastenspeise, den Fischen, mangelte. In Neuzelle an der Oder hatten sie damit wohl mehr Erfolg.

Guben – Alte Apotheke

Schließlich mag noch *Beitsch* folgen, seit mehr als 500 Jahren Besitz derer v. Wiedebach, einem der ältesten Geschlechter der Lausitz. Die Kirche ist der Dresdener Frauenkirche ähnlich; ihr Vorgängerbau soll hier schon gestanden haben, als die Zisterzienser nach Starzeddel kamen.

AUF DEM WEGE NACH SACHSEN UND SCHLESIEN FORST UND DER KREIS SORAU

Mit dem Kreis Sorau erreichen wir den südlichsten Teil Ostbrandenburgs, zugleich Südost-Winkel der Niederlausitz. Im Osten und Süden grenzt er an Niederschlesien und greift im Süden mit dem 229 m hohen Rückenberg auf den *Niederlausitzer Landrücken* hinauf. Ein Übergangsgebiet von Geschichte und Natur her, war der Kreis eine Verkehrslandschaft dazu: Neben den alten Handelsstraßen Muskau–

Triebel–Sorau–Sagan, der sogenannten „Niederen Straße“ oder „Salzstraße“, und dem alten Heerweg Sachsen–Polen über Pförten–Sommerfeld–Christianstadt, kamen im 19. Jahrhundert eine ganze Anzahl Eisenbahnen hinzu, allen voran die Hauptstrecke Berlin–Breslau. Jüngstes Kind des Verkehrs war die Reichsautobahn Berlin–Breslau in den Dreißiger Jahren. Sie überquert südlich von Forst die Neiße und verläßt den Kreis bald hinter Triebel.

Nach dem Kreis Königsberg/Nm. hatte der Kreis Sorau die größte Volkszahl aufzuweisen. Mit 86683 Bewohnern im Jahre 1939 auf 1199 qkm besaß er mit 72 Einwohnern auf den Quadratkilometer jedenfalls die höchste Bevölkerungsdichte aller brandenburgischen Kreise jenseits der Oder, darin seinen schlesischen Nachbarn gleichend. Die Bewohner lebten in 133 Landgemeinden, den 4 Kleinstädten Pförten, Triebel, Gassen und Christianstadt sowie der Kreisstadt Sorau. Die Industriestadt Forst war schon im Jahre 1897 aus dem Kreis Sorau ausgeschieden und bildete seitdem einen eigenen Stadtkreis.

Eine Idylle besonderer Art war das kleine Landstädtchen *Pförten*. Nicht nur wegen seiner Beschaulichkeit, von der das

Übersichtskarte des Kreises Sorau

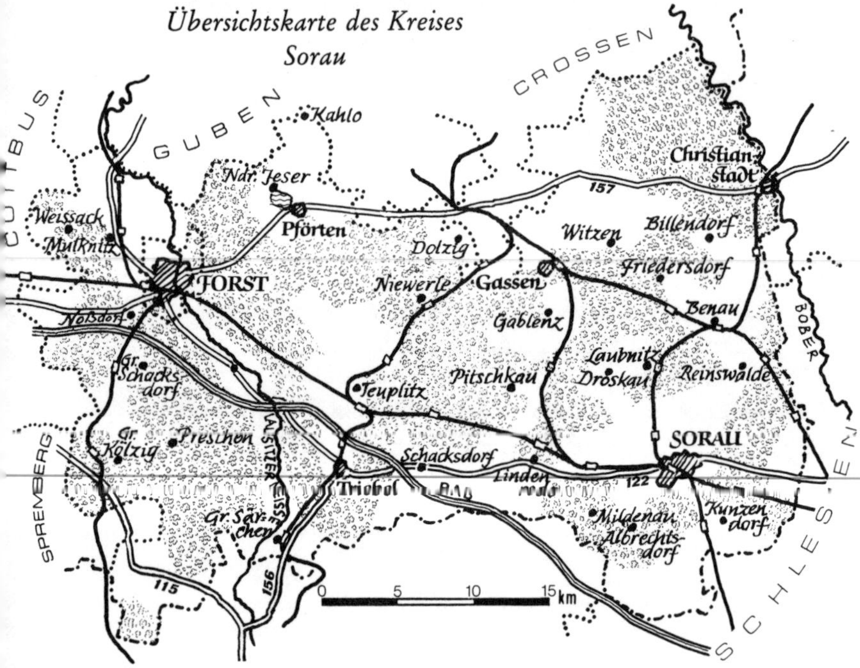

Schild auf dem Kirchhof den rechten Eindruck vermittelt: „Eine Benutzung des Kirchhofs, namentlich zum Wäschetrocknen, kann nur mit besonderer Erlaubnis des Küsters gestattet werden. Der Gemeinde Kirchen Rat.“ Eine Idylle war es wegen seiner reizvollen Anlage, denn das Städtchen hatte einst große Tage gesehen.

Pförten liegt an der alten Straße, die, von Sachsen kommend, bei Forst die Neiße überschreitet – ein Weg also, dem im 18. Jahrhundert, als die Kurfürsten von Sachsen zugleich Könige von Polen waren, große Bedeutung zukam. Das Hotel „Weißer Adler“ in der Stadt erinnerte noch bis zuletzt daran. So ist es eigentlich nicht verwunderlich, daß der allmächtige Kabinettsminister unter August III. von Sachsen und Polen, der Reichsgraf *Heinrich v. Brühl*, 1740 die Herrschaft Pförten von dem Grafen v. Watzdorf erwarb und zu seinem Hauptwohnsitz bestimmte, wenn er nicht in Dresden war.

Sofort setzte ein umfangreiches Bauen ein. Die Stadt wurde erweitert: Rechts und links der breiten Forster Straße entstanden regelmäßige Häuser, versehen mit Stuckornamenten des Rokoko. Eine zweite Straße kreuzt die erste rechtwinklig, an der Kreuzung springen im Halbrund die Häuser zurück und geben den Blick frei auf das breit hingelagerte, prächtige Barockschloß, das sich der Graf Brühl hier errichten ließ. Auf der westlichen Seite der Stadt, nach Forst zu, entstand in antikisierender Form das Forster Tor, auf der anderen Seite die „Mariannenstadt“ – ein hübscher Gartenstadtteil mit Fachwerkhäuschen inmitten blühender Bäume – wie gesagt, eine Idylle.

Doch idyllisch ging es hier nicht immer zu. Im Siebenjährigen Krieg ließ Friedrich der Große das Schloß durch ein Husarenkommando in Brand stecken, sah er doch in Brühl einen der Hauptkriegstreiber der österreichisch-sächsisch-russischen Koalition. Die von den Russen in der Neumark verübten Greuel hatten den König erbittert; so traf jenen die Rache. Das Schloß wurde zwar danach wiederhergestellt und diente der Familie bis 1945 als Wohnsitz, doch der alte Glanz war

dahin. Pförten blieb ein kleines Landstädtchen, wo unter den (1939) 1123 Einwohnern jeder jeden kannte.
Nördlich von Pförten liegt das „alte Land", eine fruchtbare Ebene, die wohl seit urdenklichen Zeiten eine Siedlungskammer darstellt. In einigen Dörfern, wie in Nieder Jeser, Datten und Zauchel, hatte sich bis gegen 1890 eine eigene Frauentracht erhalten. Köhler beschreibt sie in seinen „Brandenburgischen Fahrten" so: „Ihr Hauptkennzeichen war die steifgestärkte Spitzenkrause in Verbindung mit einem Stickereihäubchen, von dem wertvolle handgearbeitete Spitzen hinten herabhingen. Um den Kopf legte sich das Kopftuch aus schwarzgefärbter Leinewand – 3 Ellen breit, 3 Ellen lang –, unter dem Kinn eine bunte Seidenschleife, weißes Leinenhemd mit kurzen Ärmeln, Sammetmieder, buntes Schultertuch, sammetbesetzter Friesrock und bunte Schürze. Dazu für feierliche Gelegenheiten noch die ‚Paukenjacke' aus feinem schwarzen Tuch, – die ‚Pauken' sind die dickwattierten Ärmel."
Verlassen wir Pförten und wenden uns auf der alten Reichsstraße 157 der Neiße zu, so dauert es nicht lange, und es erscheint vor uns die markante Silhouette der Industriestadt *Forst.* Ein eigenartiges Bild: ein Wald von Schornsteinen, die plötzlich im Neißetal auftauchen, und ein Kranz von Schrebergärten, die die Stadt von allen Seiten umgeben – Kontraste. Zu schnell ist diese Stadt gewachsen, doch die häßlichen Fabrikviertel der Gründerzeit wurden in den 20er Jahren durch eine wohldurchdachte Stadtplanung abgemildert. Grünanlagen wie der bekannte „Ostdeutsche Rosengarten" und große Sportstätten taten ein übriges.
Doch was bildete die Lebensgrundlage dieser vor dem letzten Kriege 44802 Einwohner zählenden Stadt? Es ist bis heute die Textilindustrie geblieben, die sich im 19. Jahrhundert aus der Tuchmacherei entwickelt hat, deren Anfänge sich bis ins Mittelalter verfolgen lassen. Forst war die *führende Textilstadt der Niederlausitz,* das mögen einige Zahlen aus den zwanziger Jahren belegen:

Sorau/NL. – Neues Schloß

Stadt	Anzahl der Betriebe	Webstühle	Spinnereisätze	Spindeln
Guben	7	802	56	31220
Cottbus	53	2020	118	72200
Forst	288	4518	332	240821
Spremberg	25	1574	139	96264
Sommerfeld	9	738	–	33923

Im 19. Jahrhundert hatte die Herstellung billiger Massenwaren Vorrang, so daß der Spruch aufkam: „Ein Forster trägt keine Forster Stoffe"; doch nach dem Ersten Weltkrieg setzte sich eine mehr qualitätsbezogene Produktion durch. Nun hieß es: „Forster Gewand geht durchs ganze Land". Buckskins, Ulster-, Kammgarn- und Roßhaarstoffe stellten den Hauptanteil der Textilindustrie der Stadt, in der rund 18000 Arbeiter Lohn und Brot fanden.
1945 wurde Forst geteilt: Da der weitaus größte Teil der Stadt westlich der Neiße liegt – hier leben heute knapp 27000

Sorau/NL. – Rathaus

Einwohner –, kam nur ein verhältnismäßig kleiner Bereich unter polnische Verwaltung, die hier nicht einmal eine eigene Gemeindeverwaltung eingerichtet hat. Innerhalb der DDR bildet Forst mit einigen wenigen Gemeinden des alten Sorauer Kreises, soweit sie westlich der Neiße liegen, seit 1952 einen eigenen Kreis, den kleinsten im Bezirk Cottbus. Der seit 1897 bestehende *Stadtkreis* wurde schon im Jahre 1945 aufgelöst.

Von Forst aus nehmen wir die Breslauer Autobahn nach Süden. Sie wurde bis in den letzten Krieg hinein nur einspurig fertiggestellt und war nach 1945 lange unterbrochen; erst seit einigen Jahren ist an der Neiße ein Grenzübergang DDR-Polen eingerichtet worden. Im Winkel zwischen Autobahn und Neiße liegt *Triebel,* ein schon 1301 als Flecken genanntes kleines Landstädtchen, das zusammen mit der dazugehörigen Herrschaft 1411–1551 im Besitze der Bibersteins war und 1558–1765 den v. Promnitz gehörte, die hier 1729 ein kleines Barockschloß erbauten. 1765 kaufte der Kurfürst von Sachsen dem letzten Promnitz die ganze Herrschaft, zu der auch Sorau, Christianstadt und etwa 30 Dörfer gehörten, für eine jährliche Leibrente von 12000 Talern ab. An die Zeiten, in denen die Landbevölkerung hier noch wendisch sprach, erinnert die sogenannte „Wendische Kirche", die in der zweiten Hälfte des 16. Jahrhunderts quer vor das Schiff der mittelalterlichen Stadtkirche gebaut wurde – Stadt und Land, deutsch und wendisch unter einem Dach. 1945 wurden die Kirchengebäude zur Ruine.

Wenn man von Triebel aus nach Osten weiterwandert, erreicht man bald vor Sorau einen Raum, dessen Ortsnamen vor 1945 rein deutsch waren und nicht wendischen Ursprungs wie im Westteil des Kreises; es ist ein Gebiet, in dem sich die Dörfer in langgestreckten Zeilen weit ausdehnten, mit großen Gemarkungen – es sind *Waldhufendörfer,* die der Gegend um Sorau einen schon geradezu schlesischen Charakter geben. Wellersdorf, Reinswalde, Kunzendorf, Friedersdorf, Nieder und Ober Ullersdorf – wir sind hier im alten Gau Zara, dem einstigen Niemandsland zwischen den Lausitzer Sorben und den Slenzanen in Schlesien, das im 11. Jahrhundert fast vollständig mit dichten Wäldern bedeckt war und wohl keine Wendendörfer aufwies, als um 1200 die Burggrafen von Dewin (Düben) deutsche Aussiedler herbeiriefen. Auch die spärlichen Reste der überlieferten Volkstracht weisen auf eine rein deutsche Vergangenheit dieser Dörfer hin.

Sorau ist ein uralter Ort, der im Namen des oben genannten lausitzischen Grenzgaues schon im Jahre 1008 erwähnt wird. Schon früh entwickelte es sich zu einem bedeutenden Marktflecken, der um 1260 magdeburgisches Stadtrecht erhielt. Es teilte die wechselvollen Schicksale der Lausitz; seine Lage an der Grenze (im Osten und Süden zu Schlesien, im Norden war Brandenburg nicht weit) brachte der aufblühenden Stadt zwar auch die Nöte der Grenze mit sich, doch überwog der Vorteil: der Handel mit den Nachbarn.

Das Stadtbild zeugt selbst heute nach den furchtbaren Zerstörungen des letzten Krieges noch davon. Allen voran die eindrucksvolle Kirche „Unser lieben Frauen“ mit den drei Getreuen – den drei Stadtmauertürmen, von denen der eine dem Gotteshaus die Glocken trug, sodann der Marktplatz, die Bürgerhäuser und nicht zuletzt die Schlösser: Neben dem alten, um 1550 aus einer Wasserburg im Stile der Renaissance umgebauten Bibersteinschen Schloß das neue mächtige, 1705–1726 erbaute Promnitzschloß in barocken Formen – heute beide ausgebrannte Ruinen.

Sorau lebte von einer bedeutenden *Leinenindustrie,* die auf den umliegenden Dörfern zum Teil als Hausindustrie betrieben wurde; noch zu Beginn des 18. Jahrhunderts gab es in der Stadt 1000 Leineweber. Seit 1815 gehörte Sorau zur Mark Brandenburg und war bis 1945 eine Kreisstadt mit zuletzt 25902 deutschen Einwohnern. Der Kreis wurde 1945 geteilt: Vier Fünftel mit 999 qkm und 72259 Bewohnern kamen unter polnische Verwaltung.

Vieles wäre noch zu sagen, noch manches zu beschreiben – wie das kleine *Gassen* und das Grenzstädtchen *Christianstadt,* doch wir sind am Ende der Reise angelangt. Die nun folgenden *bunten Bilder* mögen den trockenen Worten die nötige Würze geben, eine Ahnung aufkommen lassen von der verborgenen Stille und Schönheit märkischen Landes im Osten.

BILDERVERZEICHNIS

ZEICHNUNGEN

Döring: Landkarte Vorsatz, Wappen auf Vor- und Nachsatz, 7, 11, 13, 21, 25, 29, 38, 41, 48, 56, 59, 64, 68; Hinz: 15, 17, 20a, b, 22a, b, 33, 34, 37, 47, 49, 55, 56, 57, 58, 61, 67, 69; Koglin: 9, 70.

BILDNACHWEIS

Abendroth: 73–83, 89–97, 103, 112, 113, 121, 122, 129, 137, 142, 143, 145, 147, 159, 164–168; Auer: 84–87, 98–100, 106–109, 115–119, 123–125, 131–133; Christ: 88, 101, 102, 104, 105, 130, 140, 141, 144, 151, 152, 158; Just: 114, 120, 126–128, 134–136, 138, 139, 148, 154, 156, 163; OEP: 110, 111; Steffen: 149, 150, 153, 155, 157, 160–162.

73 Nicht zufällig beginnen wir mit ZEHDEN (Kr. Königsberg/Nm.) unseren Bilderbogen – gilt es doch als der älteste Ort der Neumark! Schon im Jahre 972 sollen sich hier die Polen mit den deutschen Grafen Hodo und Siegfried eine Schlacht geliefert haben. Jahrhundertelang war das kleine Städtchen ein verträumter Ort am Ostrand des hier bis zu 3 km breiten Odertales, dessen in der Ferne sichtbare Ränder schon zur Uckermark gehören. Weithin grüßt die Kirche, eine der ältesten Feldsteinbauten der Umgegend, in das weite Land – hinweg über die 1945 gezogene Oder-Neiße-Linie.

74 Das wohl um 1240 gegründete und erstmals 1244 als Stadt bezeugte KÖNIGSBERG gilt als die älteste deutschrechtliche Stadtgründung der Neumark, die wohl noch von dem pommerschen Herzog Barnim I. vorgenommen wurde. Im Mittelalter war es eine bedeutende Handelsstadt, deren Wohlstand sich in einem prächtigen Rathaus, großen Kirchen und einer mächtigen, von Türmen und Toren bewehrten Stadtmauer widerspiegelte. Das Bernickower Tor (unser Bild) öffnete von Südosten her den Zugang zur Stadt; erhalten blieb auch das Schwedter Tor im Westen, durch das der Weg zur Oder, nach Stettin und Schwedt führt.
Königsberg / Nm. wurde 1945 zu 80 v. H. zerstört, der Wiederaufbau der Stadt ist bisher nur sehr zögernd in Gang gekommen.

75 Auch als Ruine zeugt die mächtige Marienkirche zu KÖNIGSBERG in der Neumark noch vom einstigen Wohlstand dieser im Mittelalter bedeutenden Stadt. Das 1945 schwer angeschlagene Gotteshaus ist eine der weiträumigsten Anlagen in der Mark Brandenburg; der 1389 begonnene hochgotische Hallenbau erfuhr im 15. Jh. seine wesentliche Formung durch den berühmten Baumeister Hinrik Brunsberg aus Stettin. Der 1945 stehengebliebene Turm ist der höchste im östlichen Brandenburg. Mit dem Wiederaufbau der stark zerstörten Kirche wurde noch nicht begonnen.

76 Bereits im Jahre 1248 ist BAD SCHÖNFLIESS in der Neumark als deutsches Dorf bezeugt, das wohl noch vor 1266 Stadtrechte erhielt. Die regelmäßig in Form eines Halbkreises angelegte Stadt lebte über Jahrhunderte hinweg vom Getreidehandel und vom Braugewerbe sowie von der Landwirtschaft und vom Tabakanbau der Umgebung. Seit 1898 schwang sich die einstige Ackerbürgerstadt, deren mittelalterliches Stadtbild mit Feldsteinmauer und Stadttoren bis in die Gegenwart erhalten blieb, zum gern besuchten Moorbad auf.
Das im 16. Jh. erbaute Rathaus weist einen schönen spätgotischen Giebel auf, im Inneren blieb die Gerichtsstube mit einem Netzgewölbe aus gleicher Zeit erhalten.

77 NEUDAMM im Königsberger Kreis ist eine der jüngsten Städte der Neumark. Es verdankt seine Gründung der Kurfürstin Katharina, die bei dem einstigen, schon 1261 erwähnten Dorf Damm glaubensvertriebene Protestanten aus den Niederlanden ansiedelte und den Ort 1562 zur Stadt erhob. Die in Neudamm in jener Zeit eingerichtete Druckerei ist die älteste der Neumark. Die bereits von den Niederländern eingeführte Tuchmacherei wurde in der Folgezeit zu einer breitangelegten Textilindustrie weiterentwickelt, die bis 1945 das Wirtschaftsleben der Stadt bestimmte. – Die neoromanische Stadtkirche, nach 1845 erbaut, ist der Matthäuskirche im Berliner Tiergarten-Viertel nachempfunden.

78 Die neugotische, weithin sichtbare Kirche von ZORNDORF (Kr. Königsberg / Nm.) entstand im 19. Jh. neu – nach den Verwüstungen, die der Siebenjährige Krieg über das Dorf gebracht hatte: Am 25. 8. 1758 wurde hier eine der blutigsten Schlachten geschlagen, die das 18. Jh. erlebt hatte. 44 000 Russen standen 36 000 Preußen gegenüber; doch dem tatkräftigen Eingreifen des preußischen Generals v. Seydlitz ist es zu verdanken, daß die Schlacht trotz der erdrückenden russischen Übermacht für Preußen gewonnen wurde. Der Sieg von Zorndorf verhinderte das weitere Eindringen der Russen in die Kurmark.

79 Nur wenig hat der letzte Krieg von der einstigen preußischen Festung KÜSTRIN übriggelassen, deren altstädtischer Kern 1945 fast völlig zerstört wurde. An die alte glorreiche Zeit des 18. Jh., als die Stadt an der Mündung der Warthe in die Oder zu den bedeutendsten festen Plätzen Deutschlands gehörte, erinnern heute nur noch einige Außenmauern der Festung. Küstrin ist schon 1232 bezeugt, erhielt nach 1261 Stadtrechte und war seit den Tagen des hier residierenden Markgrafen Hans von 1536 bis 1815 Hauptstadt der Neumark. Die Festungswerke wurden nach 1919 geschleift.

80 Die neumärkischen Dorfkirchen sind besonders ehrwürdige Zeugen der eindrucksvollen Siedlungsbewegung, die im 13. Jh. deutsche Einwanderer aus der Alt- und Mittelmark hierher führte und zahlreiche Anger- und Straßendörfer entstehen ließ. Dorfteich und Kirche gehörten fast immer dazu; die Steine für das Gotteshaus holte man sich vom Feld, bearbeitete sie, und so entstanden die typisch märkischen Granitquaderkirchen, deren Verbreitung bis weit nach Mittelpommern hineinreicht. Manche erhielten einen Fachwerkturm aufgesetzt, wie hier in ROHRBECK, Kr. Soldin.

81 BERNSTEIN im Kreis Soldin ist eine Gründung des ritterlichen Geschlechts Behr, das in der nördlichen Neumark bereits vor 1250 sehr begütert war und um 1270 dem Ort die Stadtrechte verlieh. Im Mittelalter gehörte Bernstein dann zeitweise zu Pommern. Die weithin über den Jungfernsee sichtbare, schon 1290 erwähnte Pfarrkirche, ein kreuzförmiger Backsteinbau mit barocken Giebeln, erlitt ebenso wie das Zentrum der kleinen Ackerbürgerstadt am Ende des Zweiten Weltkrieges verhältnismäßig geringe Schäden, die bis auf die unvermeidlichen Baulücken zumeist beseitigt sind.

82 Die Dorfkirche in PINNOW markiert einen anderen Typ von Gotteshäusern, der sich um so häufiger findet, je weiter man sich von der Oder entfernt: die Fachwerkkirche. Ähnlich wie im benachbarten Pommern waren es nun die großen Wälder, die den Rohstoff für den Kirchenbau hergaben; bei dem später vorgesetzten Holzturm ist das sogar ausschließlich der Fall. So schlicht diese Kirchen auch in ihrem Äußeren wirken mögen, um so reichhaltiger waren sie innen oft ausgestaltet worden. Vieles ging davon 1945 leider verloren.

83 Roggen und Kartoffeln wuchsen auf den kargen Hügeln der Neumark; doch wer meint, daraus schließen zu müssen, es handle sich auch um eine karge Landschaft, der irrt: Gründunkle Wälder, tiefblaue Seen und besonders im Hochsommer golden leuchtende Felder geben dieser weiträumigen Landschaft einen eigenartig herb-anziehenden Reiz. Der Pommersche Landrücken formte weithin das Landschaftsbild, wie hier in der Nähe des Gutes ERNSTBURG am Großen Puls-See (Kr. Soldin), wo wie so oft der Dreiklang von Wasser, Wald und Feld Herz und Sinne bezauberte.

84 Das auf der Südabdachung des Pommerschen Landrückens gelegene LIPPEHNE gehörte vor 1276 zum Nachbarland Pommern. Die alte „Lindenstadt“ am Wendelsee besaß zwar im Mittelalter eine Stadtumwehrung, von der Mauerreste sowie das Soldiner und Pyritzer Tor (unser Bild) erhalten geblieben sind; dennoch blieb Lippehne bis 1945 eine kleine Ackerbürgerstadt. Nach 1945 erhielt sie unter polnischer Herrschaft vorübergehend die Würde einer Kreisstadt – für den pommerschen Kreis Pyritz, zu dem sie 1945 geschlagen wurde.

85 SOLDIN galt im Mittelalter als die Hauptstadt der Neumark, tagten doch hier die neumärkischen Landstände – auch der Dompropst der Neumark hatte hier seinen Sitz. Seine Kirche war der Soldiner Dom St. Peter und Paul, dem seit 1298 ein Prämonstratenser-Kollegiatstift angegliedert war. Der wuchtige, in seinen unteren Teilen aus mächtigen Granitquadern aufgeführte Bau wurde um 1300 zu einer kreuzförmigen dreischiffigen Hallenkirche erweitert, deren gedrungener quadratischer Westturm den Marktplatz der neumärkischen Kreisstadt bis heute beherrscht.

86 Als „Neu Berlin“ wurde BERLINCHEN (Kr. Soldin) 1278 gegründet; doch während das Vorbild im Laufe der Jahrhunderte in ungeahnte Dimensionen entwuchs, blieb die Tochter klein. Die einstige Ackerbürgerstadt mit ihren bedeutenden Viehmärkten nahm erst nach dem Bahnbau einen größeren Aufschwung, als sich um den Bahnhof eine Neustadt bildete. Die einfachen zweigeschossigen und traufseitigen Häuser aus der friderizianischen Zeit im Stadtzentrum haben sich bis in die Gegenwart erhalten. Die dreischiffige Hallenkirche wurde im 19. Jh. umfassend erneuert.

87 Auf den ersten Blick sind es die weithin sichtbare Marienkirche und die Bögen des Ostbahn-Viadukts, die das Beständige im Stadtbild des heutigen LANDSBERG darstellen. Die Stadt erhielt bereits 1857 durch den Bau der „königlich preußischen Ostbahn“ Anschluß an das Eisenbahnnetz und damit auch nach Berlin, was das Wachstum der an der schiffbaren Warthe verkehrsgünstig gelegenen Stadt sehr förderte: Bis 1900 war sie zur größten Stadt der Neumark herangewachsen (1939: 48000 Einwohner), die für diesen Raum wichtige zentralörtliche Funktionen erfüllte.

88 Zu den wenigen märkischen Städten, deren Gründungsjahr urkundlich bezeugt ist, gehört LANDSBERG: Als „Landisberch nova“ erhielt es 1257 brandenburgisches Stadtrecht. Dank seiner günstigen Lage an der schiffbaren Warthe unweit der Netzemündung entwickelte es sich zu einer bedeutenden Handelsstadt. Zeuge dieses mittelalterlichen, bis in die Neuzeit weiterreichenden Wohlstandes und Bürgerstolzes ist die mächtige St. Marienkirche; sie wurde um 1300 begonnen, später zu einer dreischiffigen gotischen Halle erweitert und nach dem 16. Jh. umgebaut. In ihrem Äußeren blieb sie bis heute unverändert.

89 Seit 1972 ist die noch immer das Stadtbild von LANDSBERG beherrschende Marienkirche eine katholische Kathedrale. Dem Bischof sind nicht nur die jetzt über 100 000 Einwohner dieser Stadt an der Warthe, sondern das ganze östliche Brandenburg sowie Teile der Niederlausitz und Niederschlesiens unterstellt, nachdem hier schon bald nach dem Zweiten Weltkrieg ein Apostolischer Administrator eingesetzt war. Von der Innenstadt Landsbergs ist nicht mehr viel erhalten geblieben. Seit 1975 ist die Stadt auch Sitz einer polnischen Bezirksverwaltung, deren Zutändigkeit bis Neudamm, Neuwedell, Birnbaum und bis zum Ostteil von Frankfurt/Oder reicht.

90 Eine nasse Gegend ist das WARTHEBRUCH nicht nur bei Schützensorge (Kr. Landsberg/W.), die viel Aufwand und Fürsorge erfordert, um sie nicht versumpfen zu lassen. In fast zweihundertjähriger Arbeit wurden seit den Tagen Friedrichs d. Gr. im Warthe- und Netzebruch rd. 450 qkm trockengelegt und urbar gemacht, 15000 Siedler aus allen Teilen Deutschlands und deutsche Glaubensflüchtlinge aus Polen fanden hier eine neue Heimat. Unter Leitung von Franz Balthasar Schönberg v. Brenckenhoff konnte der preußische König eine „neue Provinz im Frieden" gewinnen.

92 VIETZ an der Ostbahn ist die jüngste der neumärkischen Städte, es erhielt erst 1935 Stadtrechte. Die städtische Entwicklung des einstigen, schon 1262 bezeugten Bauerndorfes geht auf das von Friedrich d. Gr. 1753/1754 hier angelegte Königliche Eisenhüttenwerk zurück, das bis zuletzt als Eisengießerei und Maschinenfabrik bestand. Für den rasch wachsenden Ort wurde die alte Dorfkirche bald zu klein, so daß im 19. Jh. ein historisierender Neubau erfolgen mußte.
Ein Tonwarenwerk, 6 Ziegeleien, eine Kartoffelflockenfabrik und eine Brauerei sowie ein Elektrizitätswerk gaben Vietz den Charakter eines Industriestädchens, dessen Einwohnerzahl vor dem letzten Kriege bis auf fast 6000 Personen angewachsen war.

91 Eines der friderizianischen Kolonistendörfer, die in den Jahren von 1767–1785 im Warthebruch gegründet wurden, ist SCHÜTZENSORGE (Kr. Landsberg/W.). Es liegt nicht weit ab von Sumatra, Ceylon, Jamaika; auch Hampshire, Saratoga und Pensylvanien sind ganz in der Nähe zu finden. Doch der Leser braucht seine Geographiekenntnisse nicht zu revidieren: Hier schwang im 18. Jh. die Sympathie der Neusiedler mit den um ihre Unabhängigkeit kämpfenden Amerikanern mit – und so fand sich ein Teil der großen, weiten Welt in Ortsnamen des Warthebruchs wieder.

94 Das 1269 erstmals erwähnte und bald nach 1284 als Stadt von den brandenburgischen Markgrafen in der Nähe der pommerschen Grenze angelegte REETZ (Kr. Arnswalde) mußte trotz seiner Lage auf einer Anhöhe über dem Ihnatal stark befestigt werden – ein Ausdruck der vielen Kämpfe zwischen Brandenburg und Pommern in jenen Zeiten. Die ellipsenförmig angelegte Altstadt ist bis heute noch weitgehend von einer Stadtmauer umgeben, die zusammen mit einigen Türmen, darunter dem Dramburger oder Steintor, das Kriegsende einigermaßen überstanden hat – im Gegensatz zu den Häusern des einstigen Ackerbürgerstädtchens, das 1945 zu 75 v. H. zerstört wurde.

93 In die weiträumige herbe Landschaft des Netzebruchs führt uns dieser Weg, irgendwo bei ALT GURKOWSCHBRUCH – einem der vielen Kolonistendörfer, die wie im Warthebruch auch hier unter der genialen Leitung Brenckenhoffs in der zweiten Hälfte des 18. Jh., also in der Regierungszeit Friedrichs d. Gr., angelegt wurden. Damals entstand hier aus einer Sumpfwildnis eine blühende Kulturlandschaft, in der viele Neusiedler aus dem deutschen Südwesten eine neue Heimat fanden. Sie erinnert mit ihren Gräben, Deichen und Wiesen in vielem an die Nordseeküste Deutschlands.

95 Noch deutlich treten die Narben der letzten Kriegstage des Jahres 1945 am Turm der St. Marienkirche in ARNSWALDE hervor – gewissermaßen als Mahnmal für die Sinnlosigkeit der Zerstörungen, die die Stadt damals erlitt: 85 v. H. der Bausubstanz gingen verloren. Der nüchtern-moderne Wiederaufbau setzte erst spät in den sechziger Jahren ein, die lange als Ruine stehende Marienkirche mußte sich nach dem Wiederaufbau ein Notdach auf dem Turm gefallen lassen. Das schon 1289 als deutschrechtliche Stadt bezeugte Arnswalde ist heute eine einförmige Stadt, in der nur noch wenig an die 700jährige deutsche Vergangenheit erinnert.

96 NEUWEDELL (Kr. Arnswalde) war vor dem letzten Kriege eine typische Ackerbürgerstadt, der man ihre einst bedeutende Vergangenheit nicht ansah: Vom früheren Stammschloß derer v. Wedel, einem aus dem Holsteinischen im Mittelalter hierher zugewanderten Rittergeschlecht, waren nach seiner Zerstörung 1758 nur geringe Reste übriggeblieben; auch von den drei großen Gütern Neuwedells (Großgut, Brückgut, Schloßgut) blieb nur das erstere der Familie bis 1945 erhalten. Im letzten Krieg wurde die Stadt zu 40 v. H. zerstört, viele Hausstellen sind wüst geblieben.

97 Über einen Mangel an Seen konnten sich die Bewohner der Neumark nicht beklagen – doch war ihre Verbreitung unterschiedlich. Die meisten lagen im Nordosten des Landes, d. h. in den Ausläufern der Pommerschen Schweiz. Hierher gehört auch der 110 ha große, 2900 m lange und bis zu 38 m tiefe Große oder Düp-See bei NEUWEDELL, der von der Drage durchflossen wird, aber – wie man sieht – in ökologischer Hinsicht noch in Ordnung ist. Die vielen einsamen Seen in den dunklen Wäldern verleihen der Hinteren Neumark ihren eigentümlichen Zauber.

98 Auf den großen eiszeitlichen Sandern südlich des Pommerschen Landrückens entwickelten sich weite zusammenhängende Wälder, die zu den größten Waldgebieten Ostdeutschlands gehörten: Schon in frühgeschichtlicher Zeit bildeten sie eine undurchdringliche Wildnis zwischen Polen und Pomoranen. Zu diesem Gebiet gehört die sog. DRAGEHEIDE zu beiden Seiten der unteren Drage, die sich seit dem 18. Jh. durch planmäßige Forstwirtschaft zu einem riesigen Nadelwaldbestand wandelte. Vereinzelte Birken und hochstehende Farne lockerten den ansonsten ernsten Charakter dieser Wälder etwas auf.

99 Ungeheure Mengen von Grubenholz und Millionen von Eisenbahnschwellen haben die Wälder an der unteren Drage in der Vergangenheit geliefert. Die gerade gewachsenen Stangenhölzer auf den armen, für den Ackerbau nicht geeigneten Böden der östlichen Neumark waren besonders im Westen des Reiches begehrt. Der STEINBUSCHER FORST bei Mariental (Kr. Arnswalde) ist nur eines der vielen Forstreviere, die nach jahrelanger Verwahrlosung unter polnischer Herrschaft nun allmählich ihr früheres gepflegtes Aussehen annehmen. Der Holzeinschlag ist heute wie vor 1945 wieder streng geregelt.

100 Die von den Höhen des Pommerschen Landrückens nach Süden strömende Drage ist ein reißender Fluß, der bis 1772 die Grenze zwischen der brandenburgischen Neumark und dem damals zu Polen gehörigen Deutsch Kroner Land bildete. Bis 1938 schied sie als Provinzgrenze die Grenzmark Posen-Westpreußen und die Mark Brandenburg voneinander. Sie fließt durch dichte Wälder, nur wenige Siedlungen liegen an ihr – eine davon ist der uralte Ort HOCHZEIT, dessen die Phantasie anregender Name den Volksmund dazu bewog, den Ort gegenüber „Kindelbier" zu taufen …

101 Fast nichts erinnert mehr daran, daß HOCHZEIT (Kr. Arnswalde) im ausgehenden Mittelalter einmal eine Stadt war, die 1337 erstmalig als solche bezeugt ist. Doch die häufigen Kämpfe zwischen Polen und dem Deutschen Ritterorden, dem die Neumark 1402–1454 gehörte, um den Drageübergang von Hochzeit haben den Ort fast gänzlich zerstört. Hussiten (1433) und Kosaken (1624) taten ein übriges. Erst durch den Zustrom evangelischer Glaubensvertriebener aus dem nahen Polen jenseits der seit 1368 die Grenze bildenden Drage entwickelte sich seit dem 18. Jh. Hochzeit als Dorf wieder. Sein Gotteshaus war damals für viele Evangelische aus Polen als sog. Grenzkirche ein sicherer Ort der Anbetung. Der polygonale Zentralbau ist eine Besonderheit in der neumärkischen Kirchenbaukunst.

102 Die neumärkische Kreisstadt FRIEDEBERG entstand um 1280 am Übergang des späteren Markgrafenweges über eine von zwei Seen durchzogene Niederung und nahm bald viele Siedler aus dem südlichen Harzvorland auf. Die Lage an dieser alten Heerstraße brachte der Stadt viel Leid und Not in ihre Mauern, zuletzt 1945, als das Stadtzentrum mit der Marienkirche von den Russen in Brand gesteckt wurde. Beim Wiederaufbau erhielt der Turm des Gotteshauses, das im 15. Jh. zu einer dreischiffigen Hallenkirche umgebaut wurde, anstelle des barocken Helms ein Notdach aufgesetzt.

103 Zu einem festlichen Gottesdienst mit besonderer Note gestaltete sich die feierliche Wiedereinweihung der St. Marienkirche in FRIEDEBERG/Nm. im Jahre 1973. Dazu eingeladen war auch der letzte Superintendent des evangelischen Kirchenkreises vor 1945, der während des Weihegottesdienstes der versammelten polnischen Gemeinde eine Ansprache hielt, die der polnische Bischof von Landsberg/Warthe übersetzte. Ein im heutigen Polen leider einmaliger Fall christlicher Gemeinschaft in ökumenischem Geiste.

104 Eigentlich sind die deutschen Stadtgründungen des Mittelalters immer nach dem gleichen Schema erfolgt – die neumärkische Kreisstadt FRIEDEBERG ist ein Musterbeispiel dafür: Ein kreisförmiger Grundriß, dessen Straßennetz wie bei einem Schachbrett angelegt ist, zeigt den planerischen Willen der deutschen Neusiedler, der nichts dem Zufall überließ. Den nötigen Schutz bot eine aus Feldsteinen errichtete Stadtmauer, deren meist zwei bis vier Tore einen kontrollierbaren Durchlaß boten. Unser Bild zeigt die Stadtseite des Driesener Tores in Friedeberg.

105 Wie so häufig im Osten, sehen wir auch in DRIESEN in der Neumark (Kr. Friedeberg/Nm.) die so charakteristischen wilhelminischen Behördenbauten aus roten Ziegeln, die grundsolide und repräsentativ gebaut, oft bis heute das Stadtbild beherrschen. Hier ist es das frühere Amtsgericht des schon 1092 erwähnten Driesen, das damals ein wichtiger befestigter Burgort an einem Netzeübergang war und kurz nach 1300 Stadtrechte erhielt. Im 17. Jh. wurde Driesen infolge seiner Lage als östlichste märkische Stadt zu einer bedeutenden Festung ausgebaut.

106 Die Stadt WOLDENBERG (Kr. Friedeberg/Nm.) wurde kurz vor 1300 von den brandenburgischen Markgrafen an der alten Handels- und Heerstraße, die von Küstrin zum Paß von Hochzeit führt, angelegt und befestigt. Der Markgrafenweg, wie die alte Straße auch genannt wurde, entwickelte sich zur Reichsstraße 1. Schon 1847 kam die Eisenbahn hinzu, als zweiter Stadt in der Neumark! Der letzte Krieg hat das aufstrebende Städtchen hart getroffen: Die Innenstadt ging weitgehend in Flammen auf; der verwilderten Umgebung der wiederhergestellten gotischen Pfarrkirche sieht man die Spuren des Krieges noch an.

107 In ganz besonderer Weise waren von den Umwälzungen des Jahres 1945 die Rittergüter betroffen. Viele teilen das Schicksal des im 19. Jh. erbauten Schlosses MEHRENTHIN (Kr. Friedeberg): Plünderung, jahrzehntelanger Verfall und vielfach sogar Zerstörung haben den einstigen Glanz des ostelbischen Landadels vernichtet. Das schon 1337 genannte Mehrentin war seit dem 18. Jh. im Besitz des Geschlechts v. Waldow, aus dessen Reihen mehrere namhafte Vertreter dem preußischen Staat dienten – darunter der Friedeberger Landrat Ulrich v. Waldow (1899–1919) auf Mehrenthin.

108 NEU MECKLENBURG (Kr. Friedeberg/Nm.) ist nur eines von mehreren Dörfern wie Neu Dessau, Neu Anspach und Neu Ulm, das mit seinem Namen auf die Herkunft der Neusiedler hinweist, die in der Mitte des 18. Jh. ins Netzebruch einwanderten. Damals wurde auf Anordnung Friedrich d. Gr. das Netzebruch trockengelegt. Die neuen Dörfer waren planmäßige Anlagen, oft langgezogene Straßendörfer, wie Neu Mecklenburg. Die Kirchen wurden wie die Kolonistenhäuser zumeist als Fachwerkbauten errichtet, sie sind für das Netzebruch bis heute bestimmend geblieben, wenn auch die alten Friedhöfe eingeebnet sind.

109 In dem südlich der Pleiske gelegenen Zipfel des Sternberger Landes liegt ZIEBINGEN mit seiner 1784–1786 erbauten Pfarrkirche. Der an der alten Handelsstraße von Frankfurt/Oder über Crossen nach Schlesien gelegene Ort wuchs durch die Braunkohlenvorkommen in der Nähe zur größten Landgemeinde des Kreises Weststernberg heran und hatte den Charakter eines Marktfleckens. In der Umgebung wurde noch bis in unser Jahrhundert die farbenprächtige Ziebinger Tracht getragen, eine der wenigen überlieferten märkischen Volkstrachten aus dem Gebiet östlich der Oder.

110 FRANKFURT an der Oder ist eine alte Handelsstadt, die bereits im 13. Jh. an einem wichtigen Oderübergang entstand und 1253 magdeburgisches Stadtrecht erhielt. Im Mittelalter gehörte die Stadt zeitweilig der Hanse an, seit 1506 war sie sogar Sitz einer im 17. Jh. berühmten Universität, der Viadrina, die 1811 jedoch nach Breslau verlegt wurde. Das Rathaus mit seinem prachtvollen Südgiebel in der zur DDR gehörenden Altstadt ist ein hervorragendes Beispiel märkischer Backsteingotik – die drei Fensterrosen messen nahezu vier Meter im Durchmesser! Nach der Zerstörung im letzten Kriege ist es in alter Schönheit wiederentstanden, aber einer neuen Nutzung zugeführt: Es beherbergt jetzt die Galerie Junge Kunst.

111 FRANKFURT an der Oder war seit eh und je eine Brückenstadt. Das kommt gerade in der heutigen Zeit besonders zum Ausdruck, denn hier führt mit der „Friedensbrücke" einer der wenigen gangbaren Wege über die Oder-Neiße-Linie. Die Altstadt liegt auf der westlichen Seite der Oder und gehört heute zur DDR – sie ist gekennzeichnet durch die markanten Türme der Nikolaikirche und das hohe Dach der ehemaligen, seit 1967 als „Konzerthalle C. Ph. E. Bach" genutzten Franziskanerkirche. Die Oderpromenade wurde nach den Zerstörungen des Krieges neu gestaltet.

112 Der östlich der Oder gelegene Teil von FRANKFURT, die Dammvorstadt, steht seit 1945 unter polnischer Verwaltung. Die früheren deutschen Bewohner mußten sich im Westteil der geteilten Stadt ein neues Zuhause suchen. Unter dem Namen *Słubice* begann der östliche Stadtteil seither ein Eigenleben als polnische Grenzstadt, der jedoch ihr Herz fehlt: Eine Vorstadt ist eben noch lange kein eigenständiges Gemeinwesen. Dennoch leben hier heute über 20000 polnische Bewohner; einige wenige Straßenzüge sind restauriert worden, wie diese Bauten aus der Gründerzeit.

113 Dreifache Wälle und Sümpfe schützten einst das im 13. Jh. von Siedlern aus dem Ruppiner Land angelegte REPPEN. Seine günstige Lage an der alten Handelsstraße Frankfurt/Oder – Posen wirkte belebend auf die Wirtschaft der Stadt, erst recht die Bahnbauten Fankfurt – Posen (1869) und Glogau – Stettin (1875), die die Stadt zu einem wichtigen Eisenbahnknotenpunkt machten, der 1904 sogar die Kreisverwaltung des Kreises Westernberg an sich zog. Der Blick schweift über die Eilang und einen Rest der Stadtmauer auf die 1879 erbaute Katharinenkirche, deren Nordkapelle noch aus dem 14. Jh. stammt.

114 Das vor 1252 wohl von den Lebuser Bischöfen als deutschrechtliche Stadt gegründete DROSSEN war früher die Hauptstadt des einstigen Landes Sternberg und bis zum Beginn unseres Jahrhunderts Sitz des Landrats des Kreises Weststernberg. Die St. Jakobikirche, das schon 1298 geweihte Gotteshaus der Stadt, ist eine dreischiffige backsteingotische Hallenkirche, die im 19. Jh. grundlegend restauriert wurde. Die Kriegsschäden sind heute beseitigt.

116 Die Stadt ZIELENZIG war seit 1873 der Sitz der Behörden des Kreises Oststernberg. Sie entstand als deutschrechtliche Stadtsiedlung bald nach 1241 und gehörte dann für Jahrhunderte bis 1810 dem Johanniterorden.
Zielenzig wurde im letzten Krieg stark zerstört, auch die einschiffige Nikolaikirche aus dem 14./15. Jh., ein Ziegelbau auf granitenem Unterbau, brannte 1945 völlig aus, wurde aber wiederhergestellt.

115 Das Rathaus von DROSSEN wurde im 19. Jh. unter dem Einfluß Schinkels umgebaut und in den letzten Jahren wiederhergestellt; es bildet den südlichen Abschluß des von schönen alten Bäumen gesäumten Marktplatzes. Die Stadt besaß bis 1926 ein Lehrerseminar, zuletzt Oberrealschule, und entwickelte sich dank der seit 1846 ausgebeuteten Braunkohlengrube im Stadtforst zu einer gewerbereichen Stadt, die seit 1879 auch eine großangelegte, berühmte Maiblumenzucht betrieb. Die mächtige Stadtmauer mit ihren Zinnen und Türmen ist noch weitgehend erhalten geblieben.

118 SPIEGELBERG (Kr. Oststernberg) ist ein friderizianisches Kolonistendorf, das im 18. Jh. an der Südgrenze des Sternberger Landes zwischen Lagow und Topper angelegt wurde. Der regelmäßige Grundriß mit zwei einander zugewandten, einen keilförmigen Anger begrenzenden Straßenzeilen blieb bis heute erhalten, ebenso wie die etwa 200jährige kreuzförmige Fachwerkkirche. Im Hintergrund ist ein typisches Kolonistenhaus mit Walmdach und charakteristischem „Dachauge" sichtbar, wie sie nach einheitlichem Plan vielfach im Preußen des 18. Jh. gebaut wurden.

117 Das Schloss in KÖNIGSWALDE (Kr. Oststernberg) ist nach den großen Schäden, die es 1945 erlitt, und langem Verfall von den Polen wiederaufgebaut worden. Es ist heute Mittelpunkt eines touristischen Zentrums, das auch in der Bundesrepublik Deutschland durch seine „Reiterferien" bekannt wurde. Schloß und Stadt Königswalde entstanden schon im 13. Jh. und gehörten von 1367 bis in unser Jahrhundert dem Geschlecht derer v. Waldow.

119 Die im 19. Jh. anstelle eines älteren Baues in neuromanisch-gotischen Formen errichtete Kirche von ALT LIMMRITZ (Kr. Oststernberg) stellt eine weithin sichtbare Landmarke dar: Sie liegt auf einem hohen, schon in vorgeschichtlicher Zeit besiedelten Sporn 15 m über dem Südrand des hier 12 km breiten Warthebruchs – der Stadt Vietz gegenüber. Unterhalb der Kirche ist ein Teil des Postum-Kanals zu sehen, einer der im 18. Jh. angelegten, das Warthebruch entwässernden Vorfluter.

120 Eine Burganlage an der strategisch wichtigen Landenge zwischen Tschetsch- und Lagower See ist schon 1258 bei LAGOW (Kr. Oststernberg) bezeugt. 1347 erwarb sie der Johanniterorden und baute sie zu einer mächtigen Wehranlage mit 35 m hohem Bergfried aus. Der zu Füßen der Burg liegende gleichnamige Ort galt früher als eine der kleinsten Städte Preußens, bis es 1932 wieder Landgemeinde wurde.

121 Einen weiten Blick ins Land gestattet der Bergfried des Johanniterschlosses in LAGOW (Kr. Oststernberg), besonders auf die Seenkette, die sich in einer eiszeitlichen Rinne in nordsüdlicher Richtung 8 km weit um Lagow erstreckt. Lagower und Tschetsch-See, der landschaftlich außerordentlich reizvolle Buchwald mit der 227 m hohen Buchwaldhöhe gehören zur „Sternberger Schweiz“, der höchstgelegenen Landschaft im östlichen Brandenburg.

122 Barocke Kirchen sind in der Grenzmark schon immer fast ausnahmslos katholische Gotteshäuser gewesen – wie in Süddeutschland. Sie entstammen dem 17./18. Jh., als die Gegenreformation auch äußerlich in Polen ihre Zeichen setzte. Auch die Pfarrkirche von EIBENDORF (Kr. Schwerin/W.) gehört in jene Zeit. Das überwiegend katholische, früher Goray benannte Dorf erhielt 1937 seinen Namen nach der mächtigen 400jährigen Eibe im Ort – der ältesten der Provinz. Der hölzerne Glockenturm, der einst frei links von der Kirche stand, hat das Kriegsende nicht überlebt.

124 BLESEN
(Kr. Schwerin/Warthe) ist eine ehemals klösterliche Stadt, die in der zweiten Hälfte des 15. Jh. Stadtrecht erhielt. Es entstand nach der Verlegung des Klosters Semmritz nach hier und gehörte lange Zeit dem Abt.
Vom Kloster, das 1835 säkularisiert wurde, blieben nur einige Kunstschätze erhalten, die in der Pfarrkirche der kleinen Stadt (unser Bild) Verwendung fanden.

123 Die Kreisstadt SCHWERIN an der Warthe entstand schon Ende des 13. Jh., als deutsche Marktsiedlung an der alten Handelsstraße Posen–Zantoch–Stettin, und ist erstmals 1306 als Stadt magdeburgischen Rechts bezeugt. Tuchmacherei, Schuhmacherhandwerk und Braugewerbe ernährten für Jahrhunderte die zumeist deutsche Bevölkerung der 1326–1793 zu Polen gehörenden Stadt. Seit 1887 war sie Sitz eines eigenen Kreises in der Provinz Posen, der 1920 ganz beim Reich verblieb. Das in den Jahren 1840/1841 in nachklassizistischen Formen errichtete Rathaus blieb erhalten.

126 ROGSEN
(Kr. Meseritz) mit seiner spätklassizistischen, im 19. Jh. erbauten Kirche war vor dem Kriege ein überwiegend evangelisches Kirchdorf, das als Angerdorf im Mittelalter von deutschen Siedlern mit 17 Bauernhufen und später noch 12 Gärtnerstellen angelegt wurde. Zuletzt zählte die bis 1945 rein deutsche Gemeinde 761 Bewohner.

125 Auch die kleinste Stadt in der Grenzmark Posen-Westpreußen besaß früher zwei Kirchen: eine alte katholische und eine nach 1772 erbaute evangelische. Bis heute beherrschen daher beide Gotteshäuser auch das Stadtbild von BRÄTZ (Kr. Meseritz), einer winzigen Landstadt, die vor dem Zweiten Weltkrieg nur wenig mehr als 1 000 Einwohner zählte. Sie wurde 1428 vom Bomster Starosten gegründet und später vornehmlich von deutschen Protestanten aus Schlesien besiedelt, die sich mit Tuch- und Schuhmacherei sowie Ackerbau mehr schlecht als recht ernährten.

127 Die Rohr- und Weidenstadt TIRSCHTIEGEL mit ihrer schon 1252 bezeugten Altstadt und der im 17. Jh. von deutschen Protestanten aus Schlesien gegründeten Neustadt besaß früher zwei besonders in ihrem Inneren wertvolle und daher bemerkenswerte Gotteshäuser: Die saalartige katholische Kirche in der Altstadt mit ihrer reizvollen bemalten Decke blieb erhalten (unser Bild), während die großartige, im Spätbarock errichtete und mit Doppelempore ausgestattete evangelische Kirche in der Neustadt nach 1945 abbrannte und später leider von den Polen abgebrochen wurde.

128 Die grenzmärkische Kreisstadt MESERITZ gehört weit und breit zu den Orten mit der ältesten kirchlichen Tradition: Schon 997 gründete hier Adalbert von Prag ein Benediktinerkloster, in dessen Abteikirche 1005 Kaiser Heinrich II. auf einem Feldzug gegen die Polen die hl. Messe gefeiert hat. Aus späterer Zeit ist von diesem Kloster nichts mehr überliefert. Dafür ist die spätgotische Pfarrkirche, ein bedeutsamer dreischiffiger Backsteinbau mit Sterngewölbe, bis heute erhalten geblieben. Sie ist St. Johannes dem Täufer geweiht und diente auch schon vor 1945 der katholischen Gemeinde als Gotteshaus.

129 Im Winkel von Obra und Packlitz – der Name MESERITZ bedeutet „zwischen den Flüssen" – entstand vor 1248 eine deutsche Stadt, die vielleicht von schlesischen Herzögen angelegt wurde; wie so oft in deutschen Landen erhob sich auch hier das Rathaus am Marktplatz. Nach dem Stadtbrand von 1827 wurde es in ansprechender Weise wiederaufgebaut; auch die evangelische Kirche entstand nach einem Entwurf der preußischen Oberbaudeputation unter dem Einfluß Schinkels 1834 neu. Rathaus und Kirche beherrschen in ihren ruhigen klassizistischen Formen bis heute das Stadtbild.

130 Die kräftigen Umfassungsmauern, ein Tor und einige Fundamente sind das einzige, was von der einstigen Starosteiburg in MESERITZ erhalten geblieben ist. Nach dem letzten Krieg sind diese Reste von den Polen sorgsam restauriert worden – handelt es sich doch um ein Bauwerk, das in seinen ältesten Anfängen als Kastellaneisitz bis in die Zeit der ersten polnischen Herrscher zurückgeht.

131 Das einstige Zisterzienserkloster „im PARADIES der heiligen Jungfrau Maria und des heiligen Martin“ wurde im Jahre 1234 vom polnischen Grafen Bronisius gestiftet und von deutschen Mönchen aus der Abtei Lehnin, der ältesten märkischen Zisterze, besiedelt. Es erwarb umfangreichen Landbesitz, auf dem deutsche Bauern angesiedelt wurden. Nach der 1834 durchgeführten Säkularisierung des Klosters dienten die Gebäude bis 1926 einem katholischen Lehrerseminar.

132 Der Grundriß der ehemaligen Klosterkirche zu PARADIES (Kr. Meseritz) folgt noch dem gebundenen Schema romanischer Stiftskirchen, das Kirchengebäude selbst wurde in frühgotischer Bauweise aus Ziegeln aufgeführt, aber nicht vollendet und 1397 geweiht. Im 18. Jh. erfolgte ein gründlicher Umbau im Barockstil, dessen schlichte Formen wohltuend klar schon den Klassizismus vorausahnen lassen; 1788 fand die Umgestaltung ihren Abschluß.

133 Der prachtvolle Hochaltar der Klosterkirche zu PARADIES (Kr. Meseritz) wurde unter dem Abt Kasimir von Szczuka begonnen und um 1740 vollendet. Die beiden Altarbilder stammen von dem in Süddeutschland geborenen und in Böhmen und Schlesien wirkenden Maler Felix Anton Scheffler (1701–1760).
Das untere Bild zeigt die Aufnahme Mariens in den Himmel, während das obere den hl. Martin, der einen Verstorbenen in den Himmel geleitet, darstellt. – Die Kirche wurde in den letzten beiden Jahrzehnten restauriert, nachdem in die nach dem Kriege für einige Jahre unbewohnte Klosteranlage ein katholisches Priesterseminar eingezogen ist.

134 Eine Eigentümlichkeit des grenzmärkischen Kreises Meseritz sind die vielen alten Holzkirchen. Die wohl älteste ihrer Art im deutschen Osten steht im Dorfe KUSCHTEN. Sie ist bereits 1406 urkundlich bezeugt und wurde 1408 vom Bischof von Posen geweiht, aber 1820 gründlich erneuert. Seinem hohen Alter entsprechend wirkt dieser urtümliche Kirchenbau stumpf und schwer; breit und wuchtig lehnt sich der massige Glockenturm, der eine 1670 in Thorn gegossene Glocke enthält, an das auch schon vor 1945 katholische Gotteshaus des früher 850 Seelen zählenden Dorfes.

135 Wohl die schönste Holzkirche in der Grenzmark steht in KLASTAWE (Kr. Meseritz). Sie wurde im Jahre 1637 von dem aus Böhmen stammenden protestantischen Erbherrn Wladislaw Miesitschek erbaut und ist ein mit Brettern verschalter Lehmfachwerkbau, der mit Holzschindeln gedeckt ist. Im Hintergrund ist das sog. Brauttor zu sehen, das vor der Erbauung des Kirchturms als Glokkenstuhl diente.

136 Die Kirche von NEU BENTSCHEN ist ebenso jung wie der ganze Ort: Er verdankt sein Entstehen der Grenzziehung des Jahres 1920, die hier drei Eisenbahnlinien vor ihrer Zusammenführung in dem zu Polen geschlagenen Bentschen zerschnitt. Ihre Zusammenführung erfolgte 1924/1925 in dem neuerrichteten Grenzbahnhof Neu Bentschen, um den eine moderne stadtähnliche Siedlung entstand, deren evangelische Kirche Ende der zwanziger Jahre erbaut wurde.

137 GROSS DAMMER (Kr. Meseritz) war vor dem Kriege ein Bauern- und Gutsdorf, das zu den ganz wenigen Orten mit mehrheitlich polnischer Bevölkerung gehörte, die 1920 beim Reich verbleiben durften. Die hier noch getragene „Bamberger Tracht" weist auf ihre fränkische Herkunft hin sowie darauf, daß die Bewohner noch 1793 Deutsche waren und erst unter preußischer Herrschaft durch die Katholische Kirche zum Polentum geführt wurden – ein in der alten Provinz Posen nicht seltener Fall. Das von Stüler im 19. Jh. erbaute Gutshaus diente vor 1945 als Jugendherberge.

138 Der Waldreichtum der Grenzmark war sprichwörtlich, boten doch die weitflächigen Sander mit ihren armen Böden dem Ackerbau keine Möglichkeiten, so daß Heide und Wald bestimmend wurden. Die ostdeutschen „Heiden“, spätestens seit dem 18./19. Jh. geordnete, gut verwaltete Forstreviere, boten trotz ihrer überwiegenden Nadelholzbestände immer wieder abwechslungsreiche Bilder. Hier ist es blühende Digitalis vor Windbruch in der Nähe von KUSCHTEN (Kr. Meseritz).

139 DÜRRLETTEL (Kr. Meseritz) wurde zu Beginn des 14. Jh. auf trockenem Grund, wie der Name verrät, als bäuerliches Angerdorf angelegt und in der zweiten Hälfte des 16. Jh. nach Norden als Straßendorf (das sog. Gärtnerende) verlängert. Im 18. Jh. konnte es durch Aufteilung des Schloßvorwerks noch einmal erweitert werden. Die alte, noch im 18. Jh. erbaute Holzkirche auf dem Dorfanger wurde 1890 durch einen neugotischen Ziegelbau ersetzt.

140 Bis 1938 gehörte die Stadt BOMST mit einigen Dörfern ihrer Umgebung zur Grenzmark Posen-Westpreußen und vor 1920 zur Provinz Posen, die ihrerseits größtenteils 1793 von Polen an Preußen kam. Im alten Polen war sie Sitz eines Starosten (Kreishauptmanns) und damit ein wichtiger Verwaltungsmittelpunkt, der schon 1252 als deutschrechtliche Stadt auf einer Insel im Obratal gegründet wurde. Wenig später kam sie in den Besitz des von rheinischen Mönchen aus Altenberg gegründeten nahen Klosters Obra. Von der 1945 durch Brandschatzung teilweise zerstörten Stadt sind am Marktplatz das Rathaus und die Mariensäule erhalten geblieben.

141 Eine evangelische Gemeinde entstand in BOMST (Kr. Züllichau-Schwiebus) im Jahre 1652. Schlesische Flüchtlinge gründeten sie hier, ermuntert durch die Glaubensfreiheit, die ihnen der polnische Starost von Bomst zugesichert hatte. Sie legten jenseits der Faulen Obra die Neustadt an, in der auch die früher evangelische Kirche steht, die durch eine großherzige Stiftung des russischen, aus baltischem Geschlecht stammenden Generals Tottleben und des letzten Starosten von Bomst, des Prinzen Karl von Kurland, 1782–1789 in spätbarockem Stil erbaut wurde; der Turm entstand erst 1832.

142 Eines der wichtigsten Gewerbe, das seit Jahrhunderten in vielen ostdeutschen Städten ausgeübt wurde, war die Tuchmacherei. Die Weberhäuser in UNRUHSTADT (Kr. Züllichau-Schwiebus) sind nur ein Beispiel unter vielen, wie sich die Ausübung dieses Berufszweiges auch im Stadtbild niederschlug. Als die kaiserlich-russische Verwaltung in der ersten Hälfte des 19. Jh. das damalige „Kongreßpolen“ durch eine Zollgrenze gegen Preußen abriegelte, verloren die ostdeutschen Tuchmacher ihren traditionellen Absatzmarkt und mußten sich einem anderen Broterwerb zuwenden.

143 UNRUHSTADT wurde 1653 von evangelischen Glaubensflüchtlingen aus Schlesien gegründet, die hier auf Ländereien des Grundherrn Christian Graf v. Unruh ein neues Zuhause fanden; denn zu jener Zeit hatte sich ein großer Teil des polnischen Adels selbst der Lehre Luthers zugewandt. Die junge Stadt entwickelte sich gut – es hat ihr offenbar nicht geschadet, daß der Stadtgründer Unruh, der erste Bürgermeister Kummer und der damalige Stadtschreiber Sorge hießen! Ihr Rathaus auf dem großen quadratischen Marktplatz inmitten der Stadt konnten die Unruhstädter 1745 vollenden.

144 Die früher evangelische Holzkirche von KLEMZIG (Kr. Züllichau-Schwiebus) weist unter allen Dorfkirchen des Kreises die wohl schönste Innenausstattung auf: 31 Bilder mit biblischen Szenen bedecken Wände und Flachdecke. Sie wurden von einem Ritter v. Kalckreuth im 16. Jh. in Auftrag gegeben, dessen Geschlecht lange auf dem 1945 zerstörten Klemziger Schloß saß. 1838 wanderten aus Klemzig und Umgebung zahlreiche Altlutheraner nach Südaustralien aus und gründeten dort blühende Kolonien, deren Namen und der mitgebrachte Weinbau an die alte Heimat erinnern.

145 Auch die Kirche von KALZIG (Kr. Züllichau-Schwiebus) ist ein bemerkenswertes Beispiel märkischer Holzkirchen. Sie ist in ihrer heutigen Form wohl 1521 entstanden, wurde jedoch 1910 auf ausdrücklichen Wunsch der Gemeinde, die keinen Neubau wollte, wiederhergestellt. Der Unterbau ist, wie die Granitquader vermuten lassen, älter und geht wohl in die Zeit der ersten Erwähnung des Dorfes (1376) zurück. Auch das Innere des ehrwürdigen Gotteshauses entsprach dem schlichten äußeren Bild und strahlte Ruhe und Geborgenheit aus.

146 Die auch schon vor 1945 katholische St. Michaelskirche in SCHWIEBUS (Kr. Züllichau-Schwiebus) kann man wohl zu den bedeutendsten kirchlichen Baudenkmälern der Mark Brandenburg zählen. Sie wurde im 13. Jh. in frühgotischen Formen begonnen und im 15. Jh. durch ein nördliches Seitenschiff und eine Kapellenreihe auf der Südseite erweitert. Seit dem Brand von 1637 besaß das Gotteshaus keinen Turm mehr; erst in den Jahren kurz vor 1860 wurde die Westfassade in der weithin bekannten, heute noch erhaltenen Form mit den zwei Haarnadeltürmen neu gestaltet. Im Hintergrund ist der Turm der früher evangelischen Friedrichskirche sichtbar.

147 Die Stadt SCHWIEBUS (Kr. Züllichau-Schwiebus) gehörte bis 1742 zum habsburgischen Schlesien und war bis 1815 Kreisstadt eines eigenen, ganz von märkischem und Posener Gebiet umschlossenen Kreises. Sie entstand um 1250 an der alten Straße von Schlesien nach Meseritz als deutschrechtliche Stadtsiedlung, die 1319 erstmals urkundlich bezeugt ist. Die Bewohner ernährten sich vom Kornhandel, Weinbau und Braugewerbe und bis in die neueste Zeit vorwiegend von der Textilindustrie. Unser Bild zeigt das bis ins Jahr 1547 zurückgehende, später mehrfach veränderte Rathaus.

148 Durch eine Häuserlücke am Marktplatz bietet sich ein herrlicher Blick auf die große Stadtpfarrkiche von ZÜLLICHAU an, die im letzten Krieg nur geringe Schäden davontrug. Sie ist ein spätgotischer, nach einem Brand von 1557 errichteter Backsteinbau mit dreischiffiger Halle und zweitürmiger Anlage, von der nur der Nordturm aufgeführt worden ist. Die Stadt erwarb sich im 17./18. Jh. einen guten Ruf als Zufluchtsort schlesischer Protestanten und als Sitz der 1719 gegründeten Steinbartschen Stiftung, aus der sich ein kgl. Pädagogium mit Buchdruckerei und theologischem Verlag entwickelte.

149 Der Turm des im 19. Jh. errichteten Rathauses mit dem Riesen Schreck und die St. Marienkirche sind bis heute die Wahrzeichen von ZÜLLICHAU geblieben, das einst zu den zwölf „vornehmsten Handelsstädten“ der Mark gehörte. Erst seit 1319 urkundlich bezeugt, entstand die Stadt zu deutschem Recht wohl um 1250 und gehörte bis 1482 mit dem Fürstentum Crossen zu Schlesien; seither blieb es brandenburgisch. Die bedeutende Tuchmacherei ging nach 1918 zu Ende, wie die fruher bedeutende Seidenraupenzucht schon vorher und der Weinbau in unseren Tagen.

150 Das Lied von der märkischen Heide und dem märkischen Sand kennzeichnet den Landschaftscharakter des östlichen Teiles der Mark Brandenburg auf weite Strecken: Die Landwirtschaft hatte hier einen schwereren Stand als im benachbarten Schlesien. Der Anbau von Roggen und Kartoffeln herrschte weithin vor, hin und wieder trug der Boden auch Zuckerrüben, Weizen und Mais, wie hier in SCHMARSE (Kr. Züllichau-Schwiebus). Und doch ernährte das Land früher seine Bewohner, was man angesichts der heutigen Verhältnisse hier wohl nicht mehr sagen kann.

152 Der Marktplatz von CROSSEN an der Oder gehörte einst zu den einheitlichsten Anlagen seiner Art in der Mark Brandenburg. Eine traufseitig zum Marktplatz stehende Häuserreihe aus der Zeit Friedrich Wilhelms I. verdeckte vor dem letzten Krieg die dahinterstehende Marienkirche, nur deren 68 m hoher barocker Turm überragte die ehedem zweistöckigen Häuser. Bei der Feuerbrunst, die die Altstadt 1945 nach der Einnahme durch die Rote Armee fast völlig vernichtete, sind auch die Häuser am Marktplatz untergegangen, so daß die Marienkirche heute völlig frei steht.

151 Unweit von Odereck tritt die ODER, aus Niederschlesien kommend, in die Mark Brandenburg ein. Sie wurde seit der Mitte des 19. Jh. kanalisiert und zu einer leistungsfähigen Wasserstraße ausgebaut. Die in den Strom eingebauten Buhnen sorgen für eine Einengung und damit Vertiefung des Fahrwassers, dessen Wasserstand zusätzlich durch zahlreiche neuerbaute Talsperren in Schlesien reguliert werden kann. Bekannt wurde die Gegend um Odereck, Züllichau und Grünberg als nördlichstes Weinanbaugebiet der Welt, dessen gar nicht so übler Tropfen oft bissigem Spott ausgesetzt war.

153 Die Marienkirche zu CROSSEN an der Oder ist eine der wenigen großen Barockkirchen der Mark Brandenburg. Sie entstand in der auf uns gekommenen Form in den Jahren 1708–1729, nachdem der große Stadtbrand von 1708 den ursprünglichen Bau bis auf die Umfassungsmauern vernichtet hatte. Beim Wiederaufbau erhielt die Kirche eine barocke Turmspitze, auch das Innere wurde jener Zeit entsprechend im Barockstil neu gestaltet. Nach 1945 haben die Polen die Kirche gründlich restauriert, doch sind Hochaltar, Kanzel und Seitenschiffe verändert worden.

154 Der Glanz des alten Piastenschlosses von CROSSEN an der Oder ist heute dahin, trotz des Wiederaufbaus nach den Zerstörungen des letzten Krieges. Der unscheinbare Bau (hier der Torturm) sah im 13. Jh. bereits Herzog Heinrich den Bärtigen von Schlesien und seine Gattin, die hl. Hedwig, in seinen Mauern. Kurz vorher, wohl um 1203, erhielt die nahe der älteren Burganlage entstandene Kaufmannssiedlung bereits deutsches Stadtrecht. Bis 1476 blieb Crossen und sein Umland ein eigenes schlesisches Herzogtum, das 1482–1537 als Pfandbesitz und darauf bis 1742 als Lehen der böhmischen Krone in brandenburgischem Besitz war, um dann unmittelbar preußisch zu bleiben.

155 Das Dorf AMTITZ im Kreis Guben war 1621–1945 zusammen mit der gleichnamigen Standesherrschaft im Besitz der Fürsten v. Schönaich-Carolath. Das einstige, am Ende des Zweiten Weltkrieges zerstörte Schloß war ein Bau in späten Renaissanceformen, den ein schöner französischer Garten mit Sandsteinplastiken aus dem 18. Jh. umgab. Die Schloßkirche ist ein Zentralbau aus der Zeit um 1750, sie war ursprünglich die Begräbniskirche der Schönaich-Carolaths; einige Grabplatten sind bis heute erhalten geblieben, wie die der Christina v. Schönaich-Carolath geb. v. Pannwitz.

156 Eine sehr alte Siedlung ist das Dorf STARZEDDEL (Kr. Guben), bei dem in der Nähe auf dem sog. Baalshebbel eine Burganlage aus der Spätzeit der Lausitzer Kultur festgestellt wurde. Die Zisterzienser, denen der Ort seit 1228 gehörte, gründeten hier wohl im 13. Jh. das Kloster Neuzelle, um es später an seinen heutigen Standort westlich der Neiße zu verlegen. Vielleicht reicht der sehr alte Turm der einstigen Wallfahrtskirche der hl. Margaretha noch bis in jene Zeit zurück – die Schmuckformen der Blenden gehören dem romanisch-gotischen Übergangsstil an, der kreuzförmige Hauptbau stammt aus dem 18. Jh.

157 SCHENKENDORF (Kr. Guben) leitet seinen Namen von den Schenken von Landsberg ab, die diesen Ort wohl schon um die Mitte des 13. Jh. als Burgsitz gründeten. Das zugehörige Dorf entwikkelte sich damals zeitweilig zu einem Städtchen, das später zusammen mit dem Schloß an die Stadt Guben kam, von etwa 1489–1523 den v. Köckritz gehörte und schließlich bis 1811 im Besitz des Johanniterordens verblieb. Nach den Zerstörungen des Dreißigjährigen Krieges wurde die Kirche in Fachwerk als Zentralbau wiederaufgebaut, das Schloß verfiel und das Städtchen wurde wieder ein Dorf.

158 GUBEN in der Niederlausitz ist schon 1222 bezeugt, als Herzog Heinrich I. von Schlesien dem Kloster Leubus gestattete, zollfrei in Guben Salz zu erwerben. 1235 verlieh Markgraf Heinrich der Erlauchte von Meißen der bald darauf entstandenen deutschen Kaufmannssiedlung das magdeburgische Stadtrecht. Das in der Folgezeit durch Weinbau und Tuchhandel am Schnittpunkt der Handelsstraßen Görlitz – Frankfurt und Leipzig – Posen aufblühende Guben erwuchs fortan zur bedeutendsten Handelsstadt der sächsischen Niederlausitz. Im 19. Jh. entwickelte sich, nachdem Guben 1815 preußisch geworden war, die heimische Tuchmacherei zu einer großangelegten Textilindustrie, die sich vor allem auf die Herstellung von Hüten konzentrierte (vor 1939 kam jeder dritte Hut in Deutschland aus Guben!). Dem Mäzenatentum des Textilfabrikanten Wolff verdankt die Stadt ihr Heimatmuseum (unser Bild), zusammen mit dem „Dicken Turm“ einer der wenigen Überreste der Altstadt.

159 GUBEN als geteilte Stadt macht den ganzen Widersinn der 1950 zur „Friedensgrenze" proklamierten Oder-Neiße-Linie deutlich: Die östlich der Neiße liegende Altstadt, im März/April 1945 zu über 90 v. H. zerstört, steht heute als *Gubin* unter polnischer Verwaltung (rd. 12000 Bewohner) mit weithin kahlen Flächen und Ruinen – wie die der Stadtkirche; lediglich das Rathaus wurde wiederaufgebaut. Die deutschen Einwohner mußten sich in der Bahnhofvorstadt westlich der Neiße zusammendrängen, die als „Wilhelm-Pieck-Stadt Guben" heute rund 35000 Bewohner zählt.

160 Grelle bunte Farben beherrschen heute die Hauswände in den Städten jenseits von Oder und Neiße – wenn sie außer dem eintönigen Grau überhaupt eine Farbe tragen. Ein anderer Geschmack ist mit der neuen Bevölkerung eingezogen, das gilt nicht nur für die Stadt SOMMERFELD (Kr. Crossen), die nach 1945 sogar zur Ehre einer Kreisstadt kam, da sie verhältnismäßig wenig Kriegsschäden aufwies. Heute wohnen über 20000 Einwohner in dieser einst zur Niederlausitz gehörenden und von der Textilindustrie lebenden Stadt, fast doppelt so viele wie 1939 – auf fast gleichem Raum.

161 In SOMMERFELD (Kr. Crossen) sind noch ziemlich viele historische Gebäude erhalten geblieben: Neben dem Rathaus und der spätgotischen, als dreischiffiger Hallenbau errichteten Stadtpfarrkirche sind es insgesamt 120 Bauten in 11 Straßen der Innenstadt, die heute unter Denkmalschutz gestellt sind. Die Stadt wurde um 1200 von Markgraf Dietrich v. Meißen gegründet und gehörte endgültig ab 1482 zusammen mit der Herrschaft Crossen zu Brandenburg; bis 1808 eine adlige Mediatstadt, die ab 1846 zu einem bedeutenden Eisenbahnknotenpunkt in der Niederlausitz wurde.

162 Evangelische Glaubensvertriebene aus Schlesien waren es, die nach dem Dreißigjährigen Krieg neben dem Dorf GASSEN (Kr. Sorau) ein Städtchen anlegten, das 1660 von Herzog Christian von Sachsen-Merseburg Stadtrecht erhielt. Die kleinstädtische Idylle läßt nicht ahnen, daß Gassen seit 1856 Industrieort war, als hier die Flöthersche Eisengießerei und Maschinenfabrik gegründet wurde.

163 Das kleine Städtchen PFÖRTEN in der Niederlausitz (Kr. Sorau) verdankt sein Aussehen weitgehend dem kursächsischen Minister Heinrich Graf v. Brühl, der die gleichnamige Herrschaft 1740 erwarb und den bis dahin unbedeutenden Ort ausbauen ließ. Die barocke Stadtanlage ist auf das – 1758 von Friedrich dem Großen zerstörte – Schloß ausgerichtet. Von den ehedem drei Stadttoren blieb nur das Forster Tor erhalten, das – wie es die noch immer deutsche Inschrift heute zeigt – 1931 umfassend renoviert wurde. Unter polnischer Herrschaft verlor Pförten seine Stadtrechte.

164 Das Gut DOLZIG (Kr. Sorau) hatte im 19. Jh. zwei prominente Besitzer: Kurz nach 1850 gehörte es dem Herzog Friedrich von Schleswig-Holstein-Sonderburg-Augustenburg, dem hier 1858 seine erste Tochter Auguste Viktoria, die spätere letzte deutsche Kaiserin, geboren wurde. In den 60er Jahren lebte in Dolzig der aus den Befreiungskriegen bekannte General v. Falckenstein, dessen Familie bis 1945 im Besitz des Gutes blieb. Die schlichte, aus Feldsteinen erbaute und später verputzte Kirche des schon im Jahre 1375 urkundlich bezeugten Ortes stammt ebenfalls aus dem 14. Jh.

165 CHRISTIANSTADT am Bober ist eine 1659 vom Herzog Christian von Sachsen-Merseburg planmäßig für evangelische Zuwanderer aus Schlesien angelegte Stadt, die sich halbkreisförmig an das schon um 1570 als Siedlung eines Hammerwerks entstandene Neudorf anschloß. Das Gotteshaus, zu dem 1668 der Grundstein gelegt wurde, wurde in der Zeit der Gegenreformation als sog. Grenzkirche von den Protestanten des benachbarten, jenseits des Bober gelegenen schlesischen Gebiets besucht. 1945 wurde Christianstadt stark zerstört und verlor seine Stadtrechte.

166 Die Anfänge der Stadt SORAU, deren Name bereits 1008 als Bezeichnung für den lausitzischen Gau Zara erscheint, sind wohl in der Zeit um 1260 zu suchen, als vermutlich die Herren von Dewin dem an der alten Salzstraße gelegenen Ort das magdeburgische Stadtrecht verliehen. Die aus zwei Kernen, dem Burgflecken und der Siedlung um die Marienkirche, zusammengewachsene Stadt wurde im 14./15. Jh. mit einer Befestigung umgeben, von denen nur „Die drei Getreuen“ (Mauertürme) erhalten blieben; hier der „Glokkenturm“ neben der Stadtkirche St. Marien.

167 Der Marktplatz von SORAU in der Niederlausitz wird – obwohl ein regelmäßiges Rechteck – wie überall im benachbarten Schlesien „Ring“ genannt. Die nach 1960 restaurierten barocken Häuser lassen den einstigen Wohlstand der Stadt ahnen: Tuchmacherei und eine in rund 20 größeren Fabriken industriemäßig betriebene Leinenproduktion ließen Sorau bereits im 19. Jh. zur viertgrößten Stadt der Niederlausitz heranwachsen; es fand überdies mit der Strecke Berlin–Breslau schon früh (1846) Anschluß an das deutsche Eisenbahnnetz und nach 1933 an die Breslauer Autobahn.

168 Infolge seiner Lage im äußersten südöstlichen Winkel der bis 1815 zum evangelischen Sachsen gehörigen Niederlausitz – dem bis 1742 habsburgisch-katholischen Schlesien gegenüber – war SORAU im 17./18. Jh. ein Mittelpunkt protestantischen Kirchenlebens. Hauptkirche der Stadt ist die Pfarrkirche „Unser lieben Frauen", eine vorwiegend zu Beginn des 15. Jh. aus Backstein errichtete weiträumige Hallenkirche mit abgetreppter Westfassade. Nach erheblichen Kriegsschäden wurde sie 1974 wiederhergestellt. In Anlage und Gestaltung stellt sie den Übergang dar zu den Kirchen des Nachbarlandes – zu Schlesien.

I.D.Schleuen sc. Berolini